解決關係破裂的 42 堂婚姻幸福課

潘幸知 主編

真實案例 × 專業建議

Marriage Happiness Class

婚姻研究專家深度剖析夫妻關係與自我救贖

- 沒有感情，就不算出軌嗎?
- 不能暢所欲言，愛就成了埋怨?
- 老公出軌回歸後，如何重建信任?
- 如何讓吵架不傷害感情，而是解決問題?

擺脫無效婚姻，實現夫妻共贏!

理解兩性差異，共建幸福的婚姻諮商課

目 錄

目錄

第四章　自我療癒：如何走出傷痛，找到更好的自己

目錄

第一章

婚姻本質：
兩性差異影響下，
如何獲得愛與幸福

「保母式婚姻」揭開中年女性的無奈：男人娶老婆到底為了什麼

文／雲譯

結婚是為了什麼？

一則奇葩的「徵婚啟事」或許能告訴你答案。

一個年薪130萬的男人，37歲，身高172公分，有車有房。這樣的條件看起來尚可，但是他找老婆的標準是這樣的：

(1) 28歲以下，漂亮，身材好，家境好，工作好，溫柔、可愛、顧家。

這還沒有結束。

(2) 婚後各項家庭支出AA制，每月男方會給老婆2,000元作為家用。

看到這裡，你可能和我一樣氣憤了。別急，還有更氣憤的。

(3) 男方一週有一半時間在外打麻將，基本半夜以後回家。

(4) 家務全由老婆承擔，做飯還要求味道不錯。

(5) 婚後不願接觸老婆的父母，僅在過年過節時會去拜訪。

這哪是找老婆？

這是打算每月花2,000元，找個兼顧生子任務又任勞任怨的保母，而且要求這個「保母」還得漂亮、溫柔、可愛、顧家。

有人說：「這個人是活在什麼年代呢？真想點一首陳淑樺的〈夢醒時分〉送給他。」

其實，這並非個例。

多少女人在家中活成了一個「廉價保母」呢？

你想說女性勞動參與率高說明家庭地位重要？我想不是這樣的。在亞洲國家，女性一方面照顧家庭，一方面外出工作賺錢，已經成為一種常態。

有 20.3％的家庭，女人包辦了全部家務；41.7％的家庭，女人承擔了絕大部分的家務。至於帶孩子，女性承擔的工作就更多了，91.1％的女性承擔了大部分，甚至全部照料孩子的責任。但即使家中的工作已經使自己疲憊不堪，70％的女性還想要兼顧事業。為什麼女性明明經濟獨立，也能照顧自己了，卻還是甘願成為一個「廉價保母」呢？

被集體潛意識忽視的付出

我曾在某論壇上看到一位丈夫發文求助：「我白天上班已經很累了，老婆晚上起來餵小孩喝奶還要叫我起來陪她，這是什麼心態？」

他滿腹委屈地說：「她一再把我吵醒，叫我起來陪她，小孩晚上吃夜奶頻繁，確實使我心煩。」

由此可見，他似乎連基本的同理心都沒有。

如果自己只是數次因此醒來就心煩，那麼夜夜頻繁被吵醒要哄孩子、還要被老公厭煩的女人，該是何種感受呢？

他指望著自己的另一半母愛無邊，靠愛發電，還能將帶小孩美化成一種「休息」。

電影《82年生的金智英》中金智英有著高學歷，有著自己的理想。結婚後，金智英卻因婆婆的反對，以及帶小孩的需求，不得不當起了全職太太。

金智英夜以繼日的疲憊，老公視而不見，只說：「也好，再休息一陣子吧。」

帶小孩，做家務，真的是休息？

一位爸爸在孩子出生後，為了保證自己充足的睡眠，就和老婆分房睡。

結果在孩子一歲三個月時，二十四小時照顧寶寶的媽媽突然腦中風，經過一整夜的搶救才從鬼門關被拉回來。

直到這時，這位爸爸才醒悟道：「她們是『乳牛』，是保母，是廚娘，是傭人，是員工，是維修人員，是理財師……但她們終究是人，不是神，也會累。」

帶小孩已經夠辛苦的了，那家務呢？

在一部紀錄片中，羅伊斯與布萊恩娜結婚兩年，每天的交流卻只有爭吵。

吵什麼呢？

布萊恩娜是一位全職太太，不僅要照顧兩個孩子，還包辦了所有家務。

羅伊斯卻滿腹牢騷：「她待在家裡，很清閒，陪著孩子開心地玩耍，我卻得每天外出工作，我只是覺得她該承擔更多的家務。」他數落老婆用麥片代替熟食：「不就是在家帶小孩、做家務嗎？為什麼我上班一天很累了回到家還吃不上一口熟食？」

他嫌棄老婆花了大部分精力在孩子身上，身材也開始走樣。

他按捺不住滿腹的牢騷和嫌棄，自信滿滿地決定示範做家務和帶小孩給老婆看有多麼簡單。

於是，「啪啪打臉」的一晚開始了。

飯做到一半，兩個「小神獸」輪流登場：小寶一放下就哭，大寶在廚房裡竄來竄去。飯沒做完，他就已經累得腰痠背痛，折騰了數個小時無果，最後無奈地叫了外送。

做一頓飯的時間就讓他想回去上幾天班「放鬆」一下。多少丈夫的歲月靜好，是他老婆在負重前行？

有網友說：「結婚之後有人伺候，洗衣做飯，生小孩帶小孩，照顧一家老小，還出去工作賺錢補貼家用，換作是我也滿意啊。」

「當然囉！男人結婚就是做大爺！女人上班帶孩子當保母。」

「可能真的大部分男性對家庭的付出要少於女性吧。」

「經濟水準高了，女人能獨立自主了，在家裡卻依然還要承擔來自另一半的家務，當然滿意度低啊。」

「找個帶薪保母我也開心啊。」

可見「保母式婚姻」的本質其實是：這個時代，大多數女人出去工作了，男人卻並未回歸家庭。

女性的自我掙扎與覺醒

「保母式婚姻」最可怕的不是身體的疲憊，而是精神的枯竭。電影《婚姻故事》（*Marriage Story*）中，妻子妮可是知名演員，丈夫查理是知名導演，他們恩愛多年，互相扶持，但看似幸福的家庭中卻暗流湧動，積怨已久。

妮可一直想回到洛杉磯，重啟事業。她嘗試尋求丈夫的支持，每次得到的卻只是敷衍。

在名為家庭的「溫水」中，她漸漸察覺自己的情緒一再被忽視，自己的需要一再被犧牲，最終老公聽不進她的任何一句話。

她似乎成了一個工具，一個滿足對方需求的工具。

妮可說，她在這段婚姻裡失去了自我，自己越來越衰敗黯淡，查理卻越來越有活力。

她是知名導演背後的女人，她是一位「好妻子」、「好媽媽」。

然而，她的自我被不斷擠壓，她失去了自己。

在兩個人的家中，其實只有一個人，她只是那個附屬品。

而查理，直到收到妻子申請離婚的律師函，才意識到自己的婚姻出了問題。

畢竟，他的心從未待在家中。實際上，這就是關係中最可怕的事 —— 不被看見。

西格蒙德·佛洛伊德（Sigmund Freud）曾在書中講過一個故事：

一個三歲的男孩在一間黑屋子裡大叫：「阿姨，和我說話！我害怕，這裡太黑了。」

阿姨回應說：「那樣做有什麼用？你又看不到我。」男孩回答：「沒關係，有人說話就帶來了光。」

許多人終其一生，都在尋找一個看見自己的人。

被人看見，就有了光；有了光，我們才能看見自己，才得以存在。總是不被看見的人，他體驗到的遠不止孤獨，甚至還有一種自己並不存在的死亡感。

她們會懷疑自己是否值得被愛，是否真的存在，進而忽視自己的需求，不斷取悅他人，將自己附著在他人身上，附著在家庭中，以此獲得被需要的感覺。

如此，她們才能感到自己是活著的。

是的，「保母式婚姻」其實是一個惡性循環。一方忽視，另一方渴望被看見而付出；一方繼續忽視，另一方付出更多。

在忽視和付出不斷加劇中，她們漸漸失去自我。

相互扶持到老，才是婚姻最好的樣子

先前，某女星的醉酒式表演因自帶笑點，充滿個人特色，而登上熱門搜尋。

這是她在 40 歲經歷「中年叛逆」贏回來的自己。

她曾有過一段七年的婚姻，看似美滿幸福，她卻說自己「活得卑微而蒼白」。

某天夜晚，她躺在床上，心裡想著好久沒見到老公了，第一次看清了自己的孤寂和不值得。

天亮的時候，她決定：結束這段婚姻。多年後，她自我反思：

「我生活的軌跡幾乎全部符合社會對一個『標準』女性的預期。

既然循規蹈矩、隨波逐流的生活並沒有帶給我預期的幸福，反而讓我在本該神采飛揚的大好年華，活得卑微而蒼白，那就不如做我自己，隨心所欲地去生活中冒險，試試自己的極限到底在哪裡。

真正為自己而活了，才發現叛逆是需要力量的。言聽計從，無須思考、；而我行我素卻需要判斷能力和勇氣的雙重加持。

也許是受到了婚姻變故的影響，也許是隨著歲月的累積，我對自己的認知更加清楚、更加透明。好像慢慢發現，自己需要什麼，能夠做到什麼，希望做什麼。」

我們常說女性的覺醒，究竟是什麼意思？

我想這位女星給了我們一個選擇：一個女人是可以因為婚姻中失去自我而離婚的。

最後，我們再回到最初的問題：男人娶老婆到底為了什麼？很喜歡某電視節目中一感情專家的回答：

「老婆，不是用來生孩子的，而是一起相伴到老的。有的男人婚前婚後沒什麼兩樣，他認為找老婆就是生孩子、做家務的。

我告訴你，你錯了。你是找了一個可以相互扶持到老的人，而不是在家裡幹活，一直忍氣吞聲的人。」

初戀為何難忘，
這個問題隱藏著夫妻相處的關鍵

文／杜瀟婷

問：

我前幾天發現，老公心裡一直有一個女人，他們經常聊天，但是一年也見不了幾次面，也從來沒有過越矩行為。

但老公會時常關心她，跟她說心事，並非調情，更像是知音之間訴說心事。後來我打聽到，那個女人是老公的初戀。

他要是身體出軌了我也認了，我就直接放棄；可是他越是心理出軌，我就越在意。我從來沒有感受過老公跟她說話時的那種溫柔。我現在會不自覺地拿自己跟那個女人來比較，我真的很痛苦，該怎麼辦？

答：

首先還是要祝賀妳，無論如何，妳先生堅守了身體的界限，沒有發生肉體出軌。而極度渴望親密感的妳，我嚴重懷疑面對他身體出軌，妳是否真的能做到「認了」。

我感受了一下這種痛苦，評估了一下大概有三種可能：

(1) 感覺老公對前女友比對自己好，他不夠愛我，又霸占我的婚姻，我們因為「他不好」而痛苦。

(2) 希望在婚姻裡彼此是最親密的人，然而我們的情感居然不是最親近的，因為「我們不夠好」而痛苦。

(3) 老公的溫柔寧可對別人也不對自己釋放，是不是因為自己沒有魅力？因為「我不好」而痛苦。

這三種痛苦，有時候是因為下面這些誤會造成。

01 初戀難忘，究竟是為什麼？

很多人以為初戀難忘是因為這是「第一次」。

心理學上也確實有「初始效應」：最開始出現的，留下的印象最深。但這個規律研究的是我們大腦思維層面的記憶力，並不是潛意識層面的情感記憶。

戀愛中的吸引，發揮作用的是潛意識中的情感記憶，所以初戀之所以難忘的真正原因，是它最能呈現出我們原生家庭的創傷。

你經常能在生活中看到這樣的情況，男人有一個事事操心、管東管西的媽，又喜歡上一個同樣事事操心、管東管西的女朋友。

從心理學上看來，潛意識層面，這個男人對母親的控制感到不爽，又因為心疼她的辛苦而不能拒絕，或者捨不得被媽媽照顧的好處，而不想獨立。

這種貫穿成長經歷中的矛盾，推動他以透過尋找相似的女性，來完成自己心理上的成長 —— 當他在擔任一個伴侶的角色，就從不能拒絕或不想獨立的孩子身分中解脫出來，成為一個可以說不、需要自立的男人。

女性也一樣。所以在戀愛裡，一個男人總是找像媽媽一樣的老婆，一個女人總是找像爸爸一樣的老公。

也有的人是透過反向操作的方式來表達這種成長的力量。比如一個女孩深感父親的軟弱和沒主見，讓家庭成員總是受到親戚們的欺負，所以歷任男友都是有力量、有主見的男人，希望透過這種方式療癒內心那個無助、被欺負的自己。

當然，這種情況經常會反轉，女孩可能慢慢會發現，這個男人也會欺負自己，無助的感覺並沒有消失。但無論如何，當事人的本意都是在用自己的方式，修復原生家庭中自己的不滿和傷痕。

這種驅動力在初戀中表現得更明顯，因為初戀時多數人正值青春年華，不需要考慮是否要結婚、家庭環境如何等這些複雜的社會因素，更依靠潛意識的感覺。

所以，面對初戀，讓我們鬆一口氣 —— 初戀難忘和別人其實沒什麼關係，這是一個人對自我救贖的深刻回憶。

請允許和尊重人的本能吧！

02 夫妻，必須是感情最親密的人嗎？

我們且先做一個殘忍的假設，妳老公的內心確實離她比離妳近 —— 對此我持懷疑態度。因為更多時候，伴侶找婚外的人傾訴心事，與其說是尋求親密感，不如說是尋求安慰，讓自己可以不感到慚愧地吐槽生活，或為自己樹立一個虛幻的美好形象。畢竟，離我們太近的家人總能用毒辣的眼光，讓我們意識到自己受苦都是「自作孽不可活」，很多不夠堅強的人不願意承受這份清醒的痛 —— 但這並不能表明，妳們的婚姻一定不夠好。因為要成為夫妻，除了感情之外，還需要外部因緣的配合 —— 合適的年齡，願意結婚的心，雙方家庭的磨合等等。

在這麼多條件的限制下，其實誰都無法保證，自己是世界上和對方最情投意合的人。

婚姻有物質保障（財力 + 人力）、情感連線、性、撫育後代四大功能。

我們會特別看重情感連線，一方面是因為現在物質條件變好、情感空虛就顯現了出來；另一方面是兩性間的情感——愛情，是一種張力很強的關係。所以，文藝作品裡常常將它描述得非常浪漫唯美，承載著個體對家族束縛的掙脫、對自由意志的追求和獻身精神。可是愛情裡也有不美好的因素——有單純為了對抗家庭而變得盲目的愛情（比如為了反抗家人不顧一切地結婚，後來才看到對方有明顯的家暴傾向），有為了自由捨棄對方的愛情（比如覺得婚外情很正常的自我主義者們），有為了操控對方而獻身的愛情（比如你不愛我我就自殺的極端示愛行為）。

如果我們拋開對愛情的理想化，也許這四個功能並沒有輕重高低之分，每一個都在幫助我們維繫著婚姻。

想把任何一個做到更好，都需要持續的修煉——創造和妥善管理物質財富（財力），貧病衰老時不離不棄（人力），非常親密的情感，開放和令人滿足的性，智慧地生養和教育下一代……所有這些，都可以帶來好的婚姻。

當然，鞋合不合適只有腳知道，四種功能沒有輕重，但是每個人各有看重的部分。如果妳最看重的就是高品質的愛情，那你需要面對一個考驗：

真的有「心理出軌」這種事嗎？一個豐沛和有生命力的心靈，它真的有一個固定的「軌道」嗎？懂愛的人，是否願意為了自己的占有慾和安心，將對方的心綁在「軌道」上？

你可能發現，所謂「心理出軌」這個詞，本身就不夠溫柔，帶著對戀人進行「心理控制」的粗暴和無情。在這種情況下，怎樣獲得伴侶溫柔的對待？

03 我們夠好，別人才會愛我們嗎？

這是心理學中的老生常談了，說到底，愛源於自我底盤穩固。就算對方確實認為另有人比我更合適，就算對方無法和我產生最默契的愛情，這也不代表我不好。

從認知這一點到相信這一點只有一個辦法，就是誠實地、踏實地提升心理成長，沒有捷徑。

最後想說的是，我們分析了這麼多，都是基於覺得妳們的關係「不好」。但其實，人在覺得自己和別人「關係好」的時候更加幸福。所以，妳不妨問自己一個問題：是什麼讓妳們兩個在婚姻裡堅守到現在的？

婚姻，就是一場世俗的遊戲

文／巫其格

在後臺收到一則留言：「以前總想著甜甜的戀愛什麼時候能輪到我，結了婚才知道什麼叫柴米油鹽。妳得上得了廳堂，下得了廚房，還要看著孩子的學業……別說戀愛的心思，就連生活的心思都被打亂了。我很好奇，是不是所有已婚女人最終都會走向這一步？」

據說99%的已婚女人都有過同樣的念頭：戀愛的時候天天盼結婚，結婚了卻天天想離婚。

事實上真是如此嗎？

我和多位已婚女人聊了聊，發現了一個婚姻的真相。

三觀一樣，也不一定能過日子

很多人都覺得夫妻之間吵架的原因，在於三觀不合。

但實際上，事關三觀的問題可能一年也遇不上一次，但瑣碎小事則是天天可以見到，若處理不好，婚姻就變成了牢籠。婚姻中唯一關乎三觀的，只有是否尊重對方。

每天他下班回家，進家門時總是不記得換拖鞋，我花時間拖乾淨的地板上，總能看見他亮晃晃的黑鞋印；每次在洗衣機運作的時候，他又從哪個角落裡抽出一條不知道多久沒洗的褲子；每次讓他下樓丟垃圾，他都認真地執行「丟垃圾」這條指令，往往在你想往垃圾桶裡放垃圾時，卻發現垃圾桶裡沒有垃圾袋……

因為這些小事吵架，可能很多人都覺得我太矯情，可夫妻是要生活一輩子的，而不是一天。每天都要面對這些事無數次，我怎麼可能不在乎，難道要遷就著他過一輩子嗎？

每個人都有跟了自己二、三十年的生活習慣，忽然遇到了另一種生活習慣，總會有各種不便。而這一點點的不便會慢慢消耗掉彼此的耐心，引發他是不是不愛我、她是不是不尊重我等問題。

這些小問題最終都有解決辦法，把黑腳印重新擦掉，將沒洗的褲子放到明天洗，下達套垃圾袋的指令給老公……

日子還是要過的，不能因為這點小事就不過了，對吧？

當然，能忍的婚姻是值得你忍的時候才忍，不是說只要結婚了就得無條件地忍下去。

要知道，尊重對方是為了更好的婚姻品質，為了更好的生活品質，不是為了孩子，不是為了不離婚，不是為了表現自己很寬容大度，或者很愛對方。

要不是為了性和錢，我真不想結婚

都說女人現實，難道男人就不現實嗎？

某種意義上，男人更側重經濟利益和社會成就，女人則更側重家庭經營和子女照顧。從離婚時男人更會爭房子，而女人更想爭孩子這個現象，就能說明這個問題。

我老公有位前女友，兩個人從大學時就在一起，約定好畢業就結婚。結果因為女方家裡出了點事，女方不得不負擔起照顧家中還在讀國中的弟弟的責任，我老公怕未來被拖累，毅然決然地和她提出了分手，後來我們才會在一起。

男人很少會擺明了說出自己的要求，但是心裡卻很明白戀愛和結婚對象的界限。要是達不到他的要求，男人很少會因為感動和你走到最後。

如果說這是自私的話，我還真的不能認同。

在這個快節奏的社會裡，我們沒辦法像偶像劇中「霸道總裁與『傻白甜』的幸福生活」那樣，有車有房有刷不盡的銀行卡，而只是兩個普通人的並肩作戰、互相取暖。

誰都想過輕鬆一點的生活，而不是每天擠著尖峰時刻的地鐵，賺來的薪資貼補家用後分文不剩，連買保養品都要貨比三家。

愛情是理想，婚姻是現實。

所謂的「感情至上」，很多時候是一廂情願、自欺欺人的痴想。我之前認為婚姻中沒有愛的日子就沒法過下去，認為愛是最重要的。可是到了現在這個年紀，很多事情我都看開了，什麼愛不愛的，愛早就在柴米油鹽的生活中被消耗殆盡了。

說到底，做人本就該現實一些。如果妳能一直不食人間煙火，有著「公主夢」，那是因為有人替妳遮擋了風雨。但是這種人能有多少呢？

當然，有錢有有錢的過法，沒錢有沒錢的過法；有錢也會有有錢的麻煩，沒錢也會有沒錢的苦惱。但最終日子過成什麼樣，靠的是我們有沒有經營和維持婚姻的能力。

總之，不幸的婚姻各有各的不幸，但幸福的婚姻卻一定是愛、錢、性三者缺一不可、和諧統一的。

婚姻是兩個人的，生活卻是自己的。我和丈夫都是生意人，於應酬之時相識。兩個事業心很強的人擦出火花，他欣賞我的雷厲風行，我喜歡他的光明磊落。

但生意少不了應酬，應酬又少不了「逢場作戲」。所以我們總是擔心對方不高興，但沒想到這樣的小心翼翼，反而讓生活陷入了疲憊的死循環。

可能都是生意人的關係，在一次溝通後，我們默契地選擇了保持原本的模式。但因為彼此信任的存在，我們的關係越來越好。

有時候我們是夫妻，有時候我們也像是搭檔。偶爾閒下來時我們還會交流生意經，這讓我們之間多了一些話題。每一次交流下來，我們都能夠好好地了解彼此，甚至會對彼此生出一種崇拜感。

當然，我心裡清楚，如果丈夫因為我的工作性質和我鬧彆扭，我也會想辦法讓他接受這一現實。

畢竟，結婚前我的工作生活便是如此，這份工作讓我內心充實且滿足，並不會因為婚後多了妻子這一身分就降低了幸福感。

婚姻是兩個人共同擁有的，但生活卻是自己的。短期內的讓步，未必能成就未來的幸福，不如兩人共同進步。

我和他都明白這一點，所以我們從不要求某一方放棄自己的事業。

當一份感情被逼得太緊的時候，你會覺得被管束，會窒息，而對方又會覺得被冷落，不受重視。一點小小的矛盾，就成了情緒爆發的導火線。

聰明的女人都明白，真正幸福的婚姻不是靠犧牲個人來實現的，只有自己先擁有完整的人生，才能成就一個家庭的幸福。

世界上不存在完全合適的兩個人，而婚姻就是一場關於愛的磨練。

婚姻的本質，就是一場合作

有人說，婚姻的意義是為了擁有一個屬於自己的家庭。如果婚姻的意義是家庭的話，那為什麼有人會愛上一個有家庭的人？

有人說，婚姻的意義是為了有陪伴。如果婚姻的意義是陪伴的話，那麼不結婚就沒有陪伴嗎？

有人說，婚姻的意義是為了繁衍。如果婚姻的意義是繁衍的話，那麼不結婚就無法繁衍了嗎？

事實上，婚姻的本質就是一場合作，是世俗的兩個人以合適為基礎組隊「打怪晉級」。

兩人結婚，資產共享，資源共享，本來需要兩張床兩張桌子，現在只需要一張床一張桌子。我的壞燈泡有人換了，他的臭襪子有人洗了……

說到底，人是靠本能和慾望活著的。

愛情中，你要給對方安全感和舒適感，然後從對方那裡獲取安全感和舒適感。婚姻更是一個相互交換，相互承諾的交易，充滿了商人般的利益衡量。

在離婚率居高不下的今天，婚姻不能為你保證任何東西。當你不把它當作任何契機，而是一件小事，一件你認為自然而然應該發生的事情的時候，你就可以結婚了。

婚姻只是婚姻而已，這個世界上有各式各樣的婚姻，你沒有辦法說哪個好哪個壞。但是，我認為婚姻共同的本質是陪伴與責任，它不應該承載此外的太多功能。

不要對婚姻抱有太多期待，這才是經營婚姻的訣竅。

婚姻不是簡單的把愛情當飯吃，更不是因為合適就在一起。

在電影《麻雀變鳳凰》（*Pretty Woman*）裡，交際花最後嫁給了富有的紳士；在童書《格林童話》（*Grimms' Fairy Tales*）裡，灰姑娘遇到了白馬王子。

但更多的情況是，愛情在物質面前，往往顯得蒼白無力。

所以說，婚姻，就是一場世俗的遊戲。沒有輸家，同樣，也沒有最後的贏家。好好的相互合作，比什麼都重要。

婚姻裡男人最怕的是什麼？你絕對想像不到

文／ Miss 柳

近幾年，「喪偶式婚姻」和「詐屍式育兒」成了熱門詞彙。很多年輕媽媽們辛辛苦苦地帶小孩，家裡家外忙個不停，而爸爸們回到家後要麼埋頭打遊戲，要麼在旁邊幫倒忙。

朋友小晴去年剛生完孩子，孩子還沒有滿月，老公就被公司外派到歐洲去工作一年。這一年裡，她自己帶著孩子，雖然累，但日子過得井然有序。

上個月，老公終於回國了。她本以為會輕鬆一點，沒想到從此過上了極其暴躁的生活。

好不容易讓孩子養成了晚上八點半準時入睡的習慣，然而，爸爸經常帶著女兒玩到晚上十點、十一點，還意猶未盡。

女兒的生理時鐘被打亂，小晴也經常休息不夠。

前幾天，她頂著兩個黑眼圈，和老公大吵了一架，氣得想把他掃地出門。

老公也很委屈：「我多陪女兒玩，難道不對嗎？再說，為什麼有了孩子之後，你對我的態度就這麼差了？」

01

小晴的老公並不是個例。

很多男人在有了孩子之後，發現妻子義不容辭地包辦了一切。而自己在家裡的地位急轉直下，變得可有可無，捱罵的機率急速飆升，存在感低到可以忽略。

他們想幫妻子的忙，卻感覺完全插不上手；想和妻子溫存，又被嫌棄、拒絕、吐槽。

不管怎麼做，好像都不對。

和「喪偶式婚姻」並存的，就是這樣的「光棍式婚姻」。丈夫明明有妻有小孩，回到家裡卻感受不到溫暖。

阿辰是在妻子剛生完二胎那段時間出軌的。妻子忙著照顧孩子，根本無暇理他，也不肯讓他幫忙，嫌他什麼都不懂。

他一直強調，他只是純精神出軌，沒有與第三者發生過性關係，也沒有金錢往來。

出軌對象是他高中時的初戀女友，兩人遠距離，兩個城市相隔千里，連見面都不容易。兩人的交往，不過是在通訊軟裡上聊聊天，談談心。

阿辰說，和初戀女友保持著曖昧的聯繫，可以讓他暫時喘一口氣，從「一無是處的丈夫」的角色裡走出來，假裝自己還是那個熱情洋溢的少年。

逃避可恥，但是有用。

不久之後，阿辰和初戀女友的聊天紀錄被妻子發現了。妻子瞬間崩潰，把這些「證據」全部收集起來，發到了家庭群組、朋友群組、同事群組，歷數他的「罪狀」。

這場鬧劇最後以「為了孩子」的名義收場，但阿辰已經明顯感覺到，他沒有家了。

兩個孩子在媽媽的教育下，本能地保護媽媽、排斥爸爸，和他成為對立的關係。

最近，有親戚來家裡做客，開玩笑地問兩個孩子，喜歡爸爸還是喜歡媽媽。

大女兒說：「當然喜歡媽媽了！爸爸什麼都不會做，連地板都拖不乾淨。」

小女兒還不怎麼會說句子，卻已經會不斷強調：「媽媽好！爸爸壞！爸爸壞！」

看著妻子得意的笑容，阿辰的心裡很不是滋味。

02

在婚姻裡，男人最怕的是什麼？感受不到自我價值。

許多女人在有了孩子之後，會把重心全部轉移到孩子身上，視老公為空氣。

她們的理由也很充分：反正他也幫不上忙，不添亂就不錯了。

久而久之，老公就變得越來越頹廢，心思也不願意放在家庭上了。

反而是那些有了孩子之後就給老公「加碼」，讓他幫忙做各種事情的女人，會發現老公越來越成熟，也更有責任感。

好友 Fiona 的老公，是那種在產房外面還要玩手機遊戲的「不可靠男人」。

兒子出生之後，在 Fiona 的淡定引導下，他很快進入了「奶爸」模式，把打遊戲的精力全都轉移到了老婆和孩子身上，跟著網路上的教學，迅速學會了煲湯做飯。

Fiona 毫不吝嗇，常常在朋友群組裡公開誇讚老公的可靠，老公也一定會點讚回覆，兩人膩到不行。

好友問起她的「馭夫祕訣」，Fiona 總結「男人的潛能是需要耐心引導和激發的，你要給他表現的空間，還要記得多肯定他。」深陷「喪偶式婚姻」中的女人，有很多其實都沒有給過老公足夠的成長空間。

她們對待老公，就像對待一個笨拙的孩子 —— 沒有耐心等他成長、進步，總是一邊抱怨，一邊幫他把他該做的事情搞定，再一次次地告訴他：你真沒用。

這樣做的後果，十有八九是吃力不討好，自己越來越累，老公越來越不聽話。

而在「光棍式婚姻」裡掙扎的男人，看似輕鬆瀟灑，其實早已和整個家庭「斷聯」。

和妻子缺乏交流，跟孩子之間更是陌生，有隔閡，偶爾抱抱孩子，動作都很彆扭。

在健康長久的婚姻關係中，激情、親密、承諾三個要素缺一不可。

而當妻子和孩子組成一個「共同體」，丈夫遭到排斥和孤立的時候，夫妻之間就失去了「激情」和「親密」，只剩下了由責任和義務組合而成的「承諾」，關係品質自然會明顯下降。

所以，許多婚姻在孩子出生之後就進入了冰點，雙方從彼此相愛的伴侶，轉變成搭夥過日子的室友，相敬如「冰」。

03

曾有女性讀者很委屈地留言說：「這個世界上憑什麼對女人要求那麼高？我帶孩子已經很累了，還要照顧到老公的需求，怎麼可能？」

養育孩子的辛苦，眾所周知。

因此，女人才更需要有意識地讓男人參與進來，在共同撫養孩子的過程中，提升婚姻的品質。

一個朋友說，她一向睡不好，孕期也受了好多罪。孩子出生之後，為了讓她好好休息，每天晚上都是老公帶著寶寶在隔壁客房裡睡覺，把最舒適的主臥留給她。

照顧孩子的過程中，她老公最大的感悟是：妳太不容易了。有了老公的支持，她產後恢復得很順利，體質明顯比之前更好了，寶寶的身體也非常健康，愛玩愛笑。

她和老公的感情濃度一直在提升，現在比熱戀的時候還有激情。健康的婚姻關係，靠的不是女人一味地付出，整天苦哈哈地照顧孩子和老公。

對女人來說，除了付出愛與關心，還要學會好好地表達需求，以及接受伴侶的愛。

付出型的女人，內心深處往往有一個「我不被愛」的信念。所以，她們只能試圖透過付出，和別人取得連結。

她們通常很難表達自己的真實需要，因為一旦表達，就有被拒絕的可能性。

被拒絕，又會再度勾起她們內心中那份不被愛的傷痛。

所以，如果想在婚姻中獲得伴侶更多的愛與支持，還是需要先回到內心，看清楚自己最真實的害怕與抗拒。然後，向伴侶真實地表達自己此時此刻的需求。

也就是說，在試圖照顧伴侶的需求之前，先好好地照顧自己的需求。

無論對方是否會立刻給你滿意的回應，真正的連結都會從此開始。

改變，也許不會那麼快帶來滿意的結果，但不改變，就只能一直困在「我不被愛」的僵局中，活得越來越僵硬、委屈。

至於老公的家務技能很糟糕，不夠細心體貼，不會帶孩子……這些都不是什麼原則性問題，可以不斷進行提升和調整。

給他足夠的時間和空間來「犯錯」，不要急著去評判與矯正，往往會有驚喜發生。

無論「喪偶式婚姻」還是「光棍式婚姻」，癥結都在於夫妻雙方缺乏足夠的連結。各自孤立，守著內在的恐懼，忙於自保，無法好好去愛，也無法好好被愛。

說到底，婚姻是一種深度的合作關係。它需要有足夠的敞開和坦誠，也會隨著雙方的成長而不斷提升進化，趨向令人滿意、舒適的狀態。

浪漫的愛情到底能否長久

文／肖璐

當談到「愛情」的時候，大多數人腦海裡跑出來的關鍵詞常常是「浪漫、狂熱、心跳加速、呼吸加快、不顧一切……」

大多數人對愛情的理解，都停留在浪漫之愛上。

但也正是這種感情令人最為困惑：浪漫的愛情似乎從來都不能長久，一個人在遇到另一個人的一瞬間，產生電光石火般的激情，但隨著時間的流逝，這種令人狂熱和悸動的感覺會越來越少，甚至消失。於是喪失這種感覺的人，會因此對愛情本身失望，甚至感到痛苦。

有一部經典的法國電影《留住有情人》（*Fanfan*）就深入地探討了浪漫之愛。

《留住有情人》講述的是一個已經訂婚的男人，對一個女孩一見鍾情，並且想辦法將這段感情長久地保持在激情之愛裡的故事。

男主角亞歷山大是一個即將要結婚的男人，卻突然遇見了讓他一見鍾情的女孩芳芳，並且認定了她就是自己生命中的最愛。

然而，亞歷山大一直沒有勇氣將這一切告訴自己的未婚妻羅荷，但同時他更不想再欺騙自己的感情。因為跟羅荷在一起了一段時間後，他就沒有了剛開始時的激情澎湃。

他害怕自己和芳芳會淪為和未婚妻一樣的結局，失去浪漫愛情中的刺激感和激情，於是即便跟芳芳在一起之後，他也從來不和芳芳發生親密關係。他愛她，但行為上從不涉及半點情慾。

電影中亞歷山大曾對芳芳說：「我並非偷窺狂，只想與妳同居，又怕日久生厭，不想千篇一律。我愛你。」

於是男女主角在這段奇怪的關係裡互相拉扯，只為了讓這種激情之愛延續下去。

婚前面臨兩種截然不同的對象，怎麼選擇？要不要和沒有感覺的人一起步入婚姻？

進入婚姻後發現從前相愛的兩個人，再也找不回激情的感覺怎麼辦？

在死水般的婚姻生活中，突然遇到「真愛」又該怎麼辦？

大多時候，這些問題都是「浪漫之愛」帶給人的困惑：我們無法克制地對某些人產生了完全自發的反應和感受，卻受限於現實處境，有的人甚至會因此拋棄道德和社會規範而不顧，為了追求浪漫之愛，承受道德倫理的煎熬，讓自己陷入左右為難的境地。

這些困惑似乎都在拷問著我們：浪漫愛情到底能不能長久？浪漫愛情，是不是走入一段長久關係的唯一理由？

浪漫愛情的本質

社會心理學家說，所有浪漫愛情的發生，都依賴於兩個條件：生理喚醒（Physiological activation），以及將這種喚醒的原因指向另一個人。

也就是說，我們相信身體傳達出來的強烈訊號，並且相信這種訊號是因為另一個人的存在而發生的。

生理喚醒，指的是我們體驗到浪漫之愛時，會體驗到身體上發生的明顯變化：心跳加快，呼吸急促，變得興奮和緊張，性慾和情慾被喚醒，想要和對方親近和發生身體上的接觸。

這時候的大腦會產生大量的多巴胺和去甲腎上腺素，這是浪漫愛情發生的第一個條件。當我們確定這種感覺是由對方引起的，我們就確定了兩個人之間存在著浪漫愛情，這就是我們墜入浪漫愛河的過程。

所以，浪漫愛情的本質，就是被特定的對象喚起了強烈的生理反應。

但遺憾的是，這種生理反應會隨著時間的流逝而逐漸消退。社會心理學家都認定了這樣一個事實：人們在結婚之後，浪漫愛情會減弱，有時候夫妻之間浪漫愛情的減少非常快速，僅僅在結婚兩年之後，夫妻彼此平均表達出的情愛就比他們剛結婚時減少了一半。

電影《留住有情人》的男主角亞歷山大和未婚妻在一起一段時間後，就失去了剛開始時的激情澎湃，其實是一種再正常不過的感受。亞歷山大對愛情裡激情的喪失有自己的解釋：童年的他經常看見母親和不同的男人親熱，這讓他不相信愛情可以長久，所以才會出現愛芳芳卻不和她親密的反應。

浪漫愛情難以長久的原因

浪漫愛情之所以會隨著時間減弱，存在多個原因：喚醒反應的自然消減、幻想的減弱，以及新奇感的減退。

1. 喚醒反應的消減

喚醒反應是一種特定情境下的生理反應，既然是生理反應，人就不可能永遠維持在一種特定的反應裡。要我們對一個人永遠保持緊張的激動狀態，是不可能的事。

在愛情裡，人的大腦會因為對伴侶越來越熟悉，而無法再像熱戀時那樣產生大量的多巴胺和去甲腎上腺素，於是喚醒的感覺就減弱了。也就是說，那種心跳、悸動、緊張的感覺在兩個人之間消失了，激情也就減弱了。

2. 幻想的減弱

對一個人擁有激情，有一部分原因是我們對伴侶存在著一定的幻想，越是不了解，幻想的空間就越大。

當兩個人進入瑣碎的日常相處中，在一段親密關係中暴露自己到最大限度，這種幻想就大大地削弱了，神祕感便消失了。

愛情令人盲目，但隨著對彼此了解程度的逐步加深，「盲目」的可能性會越來越小，我們之前加諸在伴侶身上「理想化的光環」就不復存在了。

這種理想化的喪失，是激情喪失的重要原因。

3. 新奇感的減退

剛進入一段戀情的時候，我們常常在這段關係中感受到「新奇感」，兩個完全不同的人在一起，對方的內在世界令我們感到著迷。

社會心理學家亞瑟．阿倫（Arthur Aron）和伊萊恩．阿倫（Elaine Aron）曾提出一個「自我擴張模型」（Self-expansion model）的概念。這個理論認為，在一對伴侶剛相識的階段，大家會為彼此帶來新的體驗和新的社會角色。這種自我擴張的感覺會讓我們在一段關係中體驗到強烈的親密感，緩解了我們的孤獨感。但很顯然，這種「自我擴張」的感覺也是有限的。當我們逐漸熟悉對方，新鮮感漸漸消退的時候，這種新奇帶來的快樂，也會逐漸減退。

一段以浪漫愛情開始的關係，最終會走向何處

那麼，當一對戀人隨著相處時間的增加，激情逐漸消退的時候，這種關係會走向何處？

有人認為激情消失了，愛情就死亡了。

也有人認為，愛情會隨著時間的變遷，最終轉變為親情。

還有人在一段又一段關係中徘徊，和一個又一個不同的對象製造激情的感覺。

甚至有的人在進入婚姻後，也無法克制出軌的衝動，沒辦法長久地待在同一段感情和關係中。

正如電影《留住有情人》中的男主角亞歷山大的母親，她換了一個又一個男人，不斷和不同的男人發生親密關係。童年目睹一切的亞歷山大，因此對愛情的本質產生了懷疑，認為愛情終究無法長久；一旦關係變得親密，進入婚姻或者一段長久的關係中，愛情就會死亡。於是他用自己的方式應對這種懷疑：和芳芳相愛卻不相處，愛她卻不跟她親熱，只是偷偷在隔壁房間裡觀察芳芳的日常。隔著一面單向透視玻璃，他和芳芳「同居」，卻不觸碰彼此。

但這似乎不是真正的解決之道，想要把一段關係永遠維持在浪漫之愛中，是一種不現實的想法，因為浪漫的激情，並不是人們在日後長久維持婚姻的原因。

有一項有趣的研究發現，在浪漫愛情的背景下，也能產

生深厚的友誼。這種深厚的友誼，就是愛情的另一種面貌：相伴之愛。

這種愛產生的生理基礎和浪漫愛情不一樣，不是產生大量的多巴胺，而是催產素（Oxytocin）。催產素的作用是促進人們彼此相互信任，加深對彼此的依戀。只要產生了信任和依戀，一段關係就有可能長久地維繫下去。

電影後半部分裡，芳芳對著單向鏡向亞歷山大說：「我是個活生生的人，我需要你。」

芳芳知道這種只活在幻想世界裡的激情之愛是荒謬的。在愛情裡我們不可能只相愛不相處，於是芳芳最後用錘子敲碎了那一面鏡子，兩個相戀的人終於緊緊地擁抱在一起。

芳芳和亞歷山大的愛情最終會走向何處我們不得而知。但對於我們，把激情之愛變成相伴之愛，把相戀變成相處，才是愛情的延續之道。

兩性真相：男人怎麼看待離婚女人

文／子墨

當婚姻走向瓦解，哪些因素會讓女人遲遲不敢離婚？除了我們最常見的孩子、財產、房子三個「顯性因素」，或許還有一個不容忽視的「隱形因素」，那就是男人對離婚女人的看法。

華人男人怎麼看待離婚的女人？更確切地說，這個議題的本質是：在一個男權主導的環境裡，人們對離婚女性有哪些成見？

今天，我們從多位男性的視角，來對這個宏大的話題窺探一二。

「離婚女人，真的不後悔離婚嗎」

A 男，34 歲，已婚

要說離婚的女人，我們公司就有兩位，都是四十多歲，一個人帶著孩子。

有一次，幾個同事一起吃飯，一位還沒結婚的女同事問這兩位單親媽媽：「你們離婚之後後悔過嗎？」兩人的回答很一致：「從來不後悔。」

雖然我不知道她們當初為什麼離婚，但還是很好奇，難道她們真的沒有後悔過嗎？

自己一個人養孩子，還得上班賺錢，想想就很艱難啊！我和我老婆兩個人，還有我媽幫忙帶孩子，有時孩子生個病，一家人還手忙腳亂的。真不知道一個離婚女人獨自帶孩子，是怎麼挺過來的。

如果她們真的沒有後悔過，那我打從心底很佩服她們。

說真的，我們公司這兩位離婚的女同事，確實挺讓人敬佩的。她們不但工作踏實可靠，平時為人處世方面也很得體，要是沒人說，一點都看不出來她們離過婚……

(你口中「看得出來離過婚的女人」是什麼樣子的？)

印象中，離過婚的女人，應該脾氣都不怎麼好、情緒不太穩定，多多少少會表現得有點悲苦吧。我也不知道這種印象是怎麼形成的，也許是電視劇裡塑造了太多這樣的人物？

「離婚女人，挺好的」

B 男，26 歲，未婚

我 20 歲戀愛，女朋友是我的大學同學，原本我們打算今年結婚，結果莫名其妙地就分手了。

這六年裡，我們時常吵架，有時候是她妥協，有時候是我認錯，分分合合一路走過來。

兩年前，她提出想結婚，我仍覺得自己還不夠成熟，畢竟畢業才兩年，事業也沒有什麼成就，經濟條件並不好，完全沒有準備好進入婚姻。

於是，我們兩個人就這樣住在一起，平平淡淡地過著日子。去年春節後，雙方父母見了面，都催促著結婚，我也沒有理由再推脫。

沒想到，三月因為一次很平常的爭吵，她提出了分手，而且非常決絕地搬走了。氣消了之後，我爭取過，她完全沒有了以往的猶豫，說累了、祝福我。其實我也累了，就這樣結束了。

離婚的感覺，應該也跟這種多年相處之後的分手差不多吧？要說對離婚女人的看法，我是這麼想的：找工作還看工作經驗呢，離過一次婚的女人，挺好的。至少在夫妻溝通上，她能避免自己曾經在婚姻裡踩過的坑，也會更懂得經營婚姻、珍惜緣分吧！

（如果遇到一個離婚女人，你會不會考慮以結婚為目的與她去交往？）這個問題就比較複雜了，還是得更全面地來考慮。說實話，我是一個怕麻煩的人，如果因為她有過一段婚姻，我再跟她結婚後需要面臨更複雜的關係，那我可能會望而卻步。

再說，我還得考慮父母的態度，尤其是我媽，她要是聽說我跟一個離過婚的女人在一起，很可能會以死相逼來阻撓我。這個我也能理解，沒辦法，畢竟父母也要承受來自親戚朋友的輿論壓力嘛！

「從來沒想過，我會娶一個離婚女人」

C 男，38 歲，已婚

第一次遇見她，是在五年前一位朋友的畫展上。無意間看到她鬆開的鞋帶，才注意到她這個人 —— 很投入地欣賞畫作，一副若有所思的樣子。

那天，我的注意力一直被那根鞋帶牽著，擔心她被絆倒，又不好貿然打擾。我就這樣跟了她一路，在她要離開的時候，我終於鼓起勇氣提醒她。

她是朋友的朋友，後來在一次聚會上，我們又見面了，很自然地留了聯繫方式。

我也是過了好久才知道，她那時正在辦理離婚手續，前夫是一樣在北京工作的同鄉。她說，那個男人身上最大的優點，大概就是他的學歷和工作了。

在那段維持了兩年的婚姻裡，她曾小心翼翼地努力去做一個賢妻，甚至丟掉了自己的個性去迎合他，但得到的永遠是負評。她天性爽朗活潑，喜歡彈鋼琴，不懼眾人的目光，而他卻完全相反。

有一次在逛商場時，她看到一塊展式臺上放著鋼琴，忍不住走過去彈起來。結果換來的卻是前夫狠狠的訓斥，說她瞎賣弄、丟人現眼，連拉帶拽地把她帶離了現場，她的手都被捏得瘀青了好幾天。

我們結婚之後，我專門帶她去那個商場，找到那架鋼琴，讓她想彈多久彈多久、想彈什麼彈什麼，我喜歡聽！

是的，在我鍥而不捨的追求之下，她離婚半年後，我們結婚啦！如今，我們的女兒已經三歲多了，我的父母、奶奶都待她如寶。我仍然每週會抽出一兩天時間專門去接她下班。聽說，她的女同事都把我說成是好男人的典範。

她說，跟我結婚後，感覺彷彿從壓抑的地獄回到了人間，終於找回了自己。對於我來說，跟她在一起的每一天都元氣滿滿，她就是我快樂和力量的泉源。

遇見她之前，我從來沒有想過，我未來的結婚對象會是一個離過婚的女人。遇見她之後，我再也無暇去顧忌世人替離婚女人貼上的是什麼標籤。幸福掌握在我們自己手中，而不是別人的口中。

中國男人，一隻腳踏在傳統，一隻腳邁進現代

很多女性雖然經濟獨立，但是思想上並沒有獨立，還是想凡事依靠男人，過分依賴婚姻給自己的安全感。她們在內心深處把自己當成弱者，覺得自己的快樂幸福必須由男人全權負責，自己無法令自己快樂幸福。

當我們向男性拋出一些關於婚姻的議題時，也可以得出相似的結論：中國男人，一隻腳踏在傳統，一隻腳邁進現代。

他們既能感受到女性在生活、職場等方面超過男性的「強大」、心生佩服，卻又未能擺脫「女人是弱者」的思維，因而執拗地認為「女人離了婚應該會後悔才對」。

他們既渴望在追求婚姻幸福的路上，能做到開明開化、拒絕迂腐成見，同時卻又表現出「母命難違」的無奈，借助傳統觀念造成的成見，在婚戀市場尋求「利益最大化」。

他們既戴著思維的「枷鎖」，又有摒棄世俗、大膽追求幸福的勇氣。

回到「男人如何看待離婚女人」這個問題上，這其實更像是

一道價值觀檢測，只是它的結果不只要看口頭回答，還需要透過許多具體的細節、行為來判定。

對於女性來說，如果你深陷在「要不要離婚」、「男人怎麼看離婚女人」這兩個問題裡，那只能說明，你當下的狀態並沒有做好離婚的充分準備。

熱播劇《我的前半生》的製作人曾在做節目時公開自己的離異經歷，引來親朋好友的不解。

她在社群媒體中回應說：「我的親戚朋友質問我，為什麼在節目裡說自己離過婚？我說因為這是事實呀。我不想偽裝自己事業有成、婚姻美滿。我只想要一個真實的人生罷了。離婚，只是萬千生活事件中的一樁而已，我不以之為恥。」

從某種意義上來說，我們每一個經歷情感傷痛之後綻放重生之美的女性，都在為打破守舊的社會認知提供支撐的力量。

我相信，總有一天，當我們再面對婚姻困局的時候，我們可以不再受觀念的左右，不再懼怕社會認知的詬病，可以不再陷入「離不了、合不成」的泥潭中空耗一生。

我並非鼓勵離婚，反之，我最想鼓勵的，是婚前的認真考量、婚後的清醒認知和持續的心理成長。我們要學會預見痛苦，提前消除可能到來的痛苦，或者透過提前介入的方式，減輕未來可能獲得的痛苦程度，而不是等到真的遇到了痛苦，才被迫去改變。

在這條路上，男人、女人都一樣。

你哪個時刻想離婚？採訪上百位男女，揭露婚姻的真相

文／Ditto

01

結婚後你想過離婚嗎？可能每個結婚後的人，都逃不過被問到這個問題的宿命。

最近，我從自願報名回答這個問題的粉絲裡挑選了二十位朋友，十男十女，大家來自不同的行業，年齡不同，居住地不同，婚齡也不同。

他們的答案，有淚有笑，有苦有甜。

聽完他們的故事，我不禁在想，這個問題的答案還重要嗎？

（注：鑒於隱私問題，文中名字均以字母代替）

02

@CX，男，32 歲，結婚 3 年，IT 工程師

「啊？還真沒想過，我們這個行業裡本來就很少碰到女孩，我老婆不嫌棄我沒有生活情趣，願意嫁給我就不錯了，我可不想離婚。」

@ ZE，男，35 歲，結婚 8 年，自營商

「我和老婆認識 12 年了，結婚 8 年，經常吵架。我記得我提過一次離婚，而她基本上半年就提一次，但這不是都沒離成嘛！我們一起開店，起早貪黑，挺辛苦的，她還要照顧孩子，都不容易的。」

@ YY，女，30 歲，結婚 6 年，家庭主婦

「當然想離了！當初他忽悠我回家當全職太太，說讓我在家吃香的喝辣的，根本就不是這麼回事！我就是一個全職保母，他忙得一週能回家吃一次飯就不錯了。錢賺得再多有什麼用，孩子每天都見不到爸爸，我也每天見不到老公，這樣的日子我過了 5 年多，受夠了。」

@ LU，女，47 歲，結婚 20 年，會計師

「年輕的時候肯定會有離婚的想法吧，但只要想到孩子也就忍過去了，現在我們都快 50 歲了，吵架也沒年輕的時候頻繁了，越來越像『老伴』的那種感覺了，就是互相扶持。」

@ WK，男，36 歲，結婚 13 年，貨車司機

「我太太一直在老家帶孩子，照顧爹媽，我一年也回不去幾趟，只要往家裡寄錢就行了。說實話，我在外面挺自由的，偶爾還能跟小女孩打個情罵個俏。太太什麼也不懂，就也沒想過要離婚。」

@ RT，男，49 歲，結婚 25 年，工廠工人

「我就看不慣現在的年輕人動不動就把離婚掛在嘴邊，有什麼好離的，湊合過唄，跟誰過不都一樣？」

@ VV，女，29 歲，結婚半年，記者

「我和老公是相親認識的，大家都到了結婚的年齡，就閃婚了。結婚後我發現日子沒什麼激情，因為他確實不是我喜歡的類型，但我也沒挑出他其他的毛病來，就先這麼過吧。」

@ HX，女，28 歲，結婚 1 年，櫃檯

「我從沒想過和我老公離婚，我覺得結婚很好呀，一直有一個人陪你，照顧你。下班回家後兩個人一起做飯，看電影，我覺得很幸福的。」

@ FU，女，36 歲，結婚 10 年，雜誌主編

「我每次想和我老公離婚都是因為他爸媽，如果他們不搗亂，那我們肯定超級幸福。因為我和他們的觀念完全不一樣，不論是生活方面，還是教育孩子方面，但偏偏他爸媽還和我們住在同一個社區，躲都躲不開！」

@ RW，男，39 歲，結婚 15 年，裝潢師傅

「我沒想過離婚，我老婆雖然脾氣不好，但她是個好女人，就是說話難聽點，但把家裡弄得挺不錯的，連我媽都聽她的。家裡讓我這麼省心，我還離什麼婚啊，平時她說話難聽時我多忍忍就行了，男人嘛。」

@ JN，男，36 歲，結婚 5 年，生意人

「都說男人有錢就變壞，我挺有錢的，但我還是很愛我老婆。關鍵是她的條件也不差，自己的生意做得很好，人長得好看，身材也好，我哥們都羨慕我，我沒有理由想離婚呀。」

@ NN，男，24 歲，結婚 1 年，上班族

「我為了娶我老婆，家裡恨不得砸鍋賣鐵才湊出 90 萬聘金，我可不想離婚，因為結婚太花錢了！」

@ SW，男，45 歲，結婚 10 年，公司合夥人

「我 35 歲才結婚，還是結給家裡看的。我承認我愛玩，婚後我還是愛玩，我老婆每天就是買買買，只要她買高興了，她也不管我在外面怎麼玩。所以我感覺我們還挺合適的，反正我賺得多，夠她花的了。結婚對我來說無所謂，離婚也是，怎樣都行，我覺得人活著開心最重要。」

@ EE，女，30 歲，結婚 3 年，銀行櫃員

「我和我老公都在銀行工作，平時比較忙，所以我們很少吵架，因為都很理解對方。但我建議找另一半還是不要找同行業的，生活確實會比較無趣，但也不至於到想離婚的地步。」

@ RR，女，31 歲，結婚 4 年，美甲師

「我和老公都是北上工作，之前鬧過一次離婚。他在汽車經銷商工作，被我發現和女客戶曖昧，但他堅稱是為了業績，後來我也原諒他了。像我們這種北上工作的夫妻，生活挺辛苦的，有個人陪著，終歸比一個人要強吧。」

@ TW，男，26 歲，結婚 2 年，普通員工

「我其實不想這麼早結婚，但我女友天天逼婚，再加上我媽也老是催，就結了。不過還好我們現在沒有孩子，我們就是天天下班後一起玩遊戲，要不就是出去吃飯、逛街。我目前覺得結婚的日子也還行，除了有人老管著我，其他都還好。但我不知道有了孩子以後會變成什麼樣，我感覺我太太也不太像會帶孩子的人。唉，以後的日子以後再說吧。」

@ CC，女，38 歲，結婚 15 年，女老闆

「我老公是一個『家庭煮夫』。結婚後一直是我在賺錢養家，他在家裡輔導孩子唸書，替我們做飯、洗衣服。他除了沒什麼男子氣概，其他都還好吧，我可以接受，畢竟女強人的背後需要這樣一個男人。」

@ FY，女，40 歲，結婚 20 年，辦公室清潔人員

「我本來自己在鄉下開了一家服飾店，後來才跟著老公來城裡上班，因為我就是要在他身邊看著他。去年我發現他往家裡寄的錢變少了，跟他視訊聊天的時候還總是占線，我就開始懷疑了。於是我把服飾店交給我妹妹，讓她幫我看著，我來城裡找他。雖然現在這份工作挺辛苦的，但我能天天看著他也挺好的，因為我結婚時就沒想過離婚，所以我要保護好我的婚姻。」

@ YU，男，55 歲，結婚 3 年，餐廳老闆

「我有過一段失敗的婚姻，當時是因為我出軌，不顧老婆的挽留，也沒有考慮孩子，就把婚離了。結果我都沒有和哪個女人再走進婚姻。後來我一直單身了十多年，每天都在後悔。直到我遇到了現在的妻子，我開始學會好好珍惜眼前人了。」

@ ZX，女，42 歲，結婚 4 年，教師

「我和老公都是二婚。說起來也挺巧的，我們上一段婚姻可以說都是衝動離婚，日子過得烏煙瘴氣，一言不合就吵架。但我們自從結婚以後，一次架都沒吵過，反而還很幸福，我發現，還真是一物降一物啊。」

03

寫在最後。

看完這些回答，你有什麼感受？

其實我們會發現，婚姻的幸福與否，不取決於你的年齡或職業。我們對待婚姻的態度，我們處理親密關係的方式，我們感受到的每個相處細節……是這些，組成了我們每一天的生活。願我們每個人，都能成為生活中的有心人。

娶了心口硃砂痣的男人，
能忘了心中那道白月光嗎

文／非也

作家張愛玲曾說：「也許每一個男子全都有過這樣的兩個女人，至少兩個。娶了紅玫瑰，久而久之，紅的變了牆上的一抹蚊子血，白的還是『床前明月光』；娶了白玫瑰，白的便是衣服上的一粒飯黏子，紅的卻是心口上的一顆硃砂痣。」

這句話，有個更通俗的版本：

「很少人最後會跟自己喜歡的人結婚，而是選擇了合適的人。那喜歡的人呢？放在心裡。」

還有一種說法，就是「男人總是忘不了自己的初戀」。

這種壓在心底的小祕密，大家也許都心照不宣了吧？可是，若是不小心解鎖了他心中的「月光寶盒」，該怎麼辦？

01

之前有個女孩來諮商，向我講了一個故事。

男生和女生是大學同學，一起上課，一起參加社團活動，興趣愛好差不多，所以課餘時間也經常在一起。兩人還是同鄉，所以總是約著一起回家。

日久生情，也是自然而然的事了。

男生很優秀，喜歡他的人不止她一個，可他一向很冷淡，通通乾脆地拒絕了，所以一開始，她就壓根沒有想過有一天他們會成為男女朋友。他對她的照顧也更像是同鄉之間的關心，不過這一點點溫柔，足夠融化一顆本就為之傾倒的心了。

兩人的相處，一向是女生更主動，而男生也不拒絕。時間久了，女生也漸漸忘了戀愛該是甜蜜的，早早習慣了「平平淡淡才是真」。畢業兩年，他們分分合合多次後，最終牽手走進了婚姻的殿堂。

結婚後，他還是那樣清冷的性格。不過跟女兒在一起的時候，他卻像換了一個人似的，對女兒寵溺得不行，還很有耐心，任憑她怎麼鬧都不會生氣。

這個已經成了女人的女生，常常忍不住吃女兒的醋。但他疼女兒是好事，她也沒有什麼理由反對。

直到有一天，她在他電腦的雲端硬碟裡發現了一段影片。回想起兩人在一起的點點滴滴，她的腦海中立刻湧現出了那句話：「他不是高冷，只是暖的不是妳罷了。」

在那段影片裡，他拿著相機沿著某個城市的大街小巷，一邊走一邊訴說著他與另一個女孩的點點滴滴。他細細地回憶他們一起吃過的某道菜的味道，不厭其煩地複述他們曾經說過的話，一把鼻涕一把淚地向她保證以後自己什麼都順著她。

末了，他對著鏡頭一本正經地說：「從此以後，我再也不會愛上別人了。我的心放在妳這裡了，永遠永遠都埋葬於此了。」

「那我這麼多年算什麼？是不是他根本不在乎自己愛不愛我，只要我足夠聽話就好了？」情緒一直還算平穩的女孩此時再也控制不住眼中的淚水，哽咽著問我。

雖然很多婚姻不過是在湊合著過日子，但是沒有一個懷抱真心的人能夠接受自己是被湊合的那一個。就像有首歌裡唱的那樣：「該配合你演出的我演視而不見，在逼一個最愛你的人即興表演。」

婚姻的美妙就在於我們是彼此的唯一，容不下第三個人的位置，哪怕兩個人吵吵鬧鬧或冷冷清清，也不願意別人來摻和。所以很多夫妻能夠接受不恩愛，但絕對不接受第三者。

「他現在和那個女生還有聯繫嗎？」

「我不知道。我一直都很相信他，可是他還保留著這段影片，不就說明還愛著嗎？這麼多年來他對我一直不冷不熱的，不就說明還記得自己之前說的話嗎？」

「那妳希望他怎麼做？」

「徹底忘記她。」

「妳可以試一試。」

過了半年後，她告訴我：「出於好奇心，我藉助強大的朋友群組找到了那個女生，並主動和她聊起了當年的事情。她是個很好的人，說沒想到自己對我的生活造成了這麼大的困擾。雖然她覺得沒有必要，但還是同意我的提議，三個人來了一場跨越時空的特別約會。」

「妳老公什麼態度？」

「他大吃了一驚，還有點生氣，不過也沒有說太多。倒是從那以後，慢慢地對我熱情多了，想來應該放下了吧。」

「也許，他也沒有想怎麼樣，但是曾經許下的諾言確實改變了他對待感情的態度，只是他也沒有意識到而已。」

02

相信很多人都很好奇，為什麼男人總是忘不了初戀或是曾經暗戀過的人？其實女人也是如此。

也有人主動來諮商，自己該怎麼忘記前任或心中的女神？也有人明明很愛自己現在的老婆，很想對她一心一意，腦海中卻還是會不時浮現出另一個女人的身影。也有人在酒足飯飽後和哥們兒聊天的時候，還是會興致勃勃地談起自己曾經愛過的女孩。

當然，也有人像這位女孩一樣，想要弄明白身邊人為何總是忘不了別人，也會很苦惱自己該不該計較。

角色互換一下，也是一樣的，很多女人心中也有放不下的一段情。

這樣的橋段在電影、電視劇中更是比比皆是。

正如電影《後來的我們》中，見清和小曉偶然相識於歸鄉過年的火車上。兩人懷揣著共同的夢想，一起在北京打拚，相濡以沫，相知相守，同住一個屋簷下，可最終還是錯過了。兜兜轉轉間，見清已經結婚，也有了自己的孩子。

如果不是再次相遇，他也不會意識到，自己心裡一直都為小曉留著一個位置。當然，最終他們還是錯過了。

這樣的故事在現實中又有多少呢？

也許，每個人心中都有一個這樣的故事，只是很少有人能有機會像電影中的見清和小曉一樣再次相逢，但是即便重逢，終究還是要錯過的。

03

不曉得如果對話類綜藝節目中的辯手們來辯「娶了心口硃砂痣，是不是一定要忘記那道白月光？」各位巧言如簧的辯手們該說出怎樣的道理來。

不過，你若是認真看過辯論就會明白，每一個道理都不是無懈可擊的，每一種答案都是有特定的適用範圍的。所以要不要忘記，也不過是仁者見仁，智者見智了。

我所知道的是，我們會一直有一種欲望，去終結曾經開啟過的願望、疑問，甚至人生命題，這是一種本能。

心理學家認為，人具有一種認知閉合需求（The Need of Cognitive Closure）。簡單來說，它指的是個體在面對不確定的情景時，有一種求知動機——「人總是希望能為問題找到一個明確的答案，不論是什麼樣的答案。因為與混亂和不確定相比，任何明確的答案都會讓人們感受到認知上的舒適」。

簡單來說就是，得不到的永遠都是好的，但並不意味著一定要得到，而是想要知道如果得到了會怎麼樣。

每個人都有自己的未完成事件，它不一定是宿命般宏大的事。看了一半被迫中止的電影或小說，特意去吃卻剛好關門了的餐廳……在我們找到機會去完成它們之前，這些也都是未完的願望。我們也一樣會牽掛著想要去實現這些願望。

終結這種欲望最好的方法，就是去替它畫上一個句號。就像諮商中的那個女孩一樣。

然而經歷多了之後，我們就會明白，並不是每件事都需要一個答案。正如三島由紀夫的短篇小說裡寫的一句話：「我們心中某些隱蔽的願望，一經實現，往往會有一種被欺騙的感覺。」

白月光，還是高高掛在天上的好。

沒有感情，就不算出軌嗎

文／張麗霞

借用張愛玲的一句名言：「假如婚姻是一件長袍，那麼幸福的婚姻就是一件華麗的長袍，但是如果有一天，你發現這件華麗的長袍下面居然布滿了醜陋的蝨子，而且你還不知道這些蝨子是從何而來的，那麼，你將會感到非常痛苦、迷茫和抓狂。」

01

我的來訪者小麗就遇到了這樣的情況。

小麗和她的老公各自都有自己的小生意，經濟各方面也比較獨立，所以小麗一直覺得他們是互相輔助的角色，精神交流也很多，這也是小麗婚姻中非常引以為傲的地方。

小麗對自己各方面都很自信，畢竟很多婚姻的失控似乎都來自雙方某些能力的失衡。

可是沒想到的是，上個月小麗出差回家後，發現了一支不屬於她的口紅在自己的化妝臺上。

本來小麗還抱有一絲希望，覺得這可能是個誤會。但是當她去問老公的時候，在看到他的表情的一瞬間，小麗就知道他出軌了。他跪下認錯，說對方是他生意上的一個合作對象，可以給他很多資源，他這樣做只是因為工作需要逢場作戲。還說自己從來沒想過要離開小麗，也沒想過和對方有什麼進一步的發展。

老公一直在祈求小麗的原諒，可是小麗不知道該如何選擇。她既捨不得彼此的感情，也沒法把這件事情當作沒發生過，所以現在每天都很煎熬。

小麗講完這件事時，哭著問我：「老師，我該如何選擇？」

02

其實如何選擇，是很多婚姻面臨外遇打擊的時候，都需要去面對的問題。

是重新建立關係，還是徹底結束這段關係？但是不管選擇哪一條路，我們都需要三思而後行。

小麗說，即使我很捨不得這段感情，但是不可能當這件事沒發生過。

是的，假如我們為了留下這段感情，絕口不提外遇，也不分析外遇發生的原因，也不想確定以後是否還會發生同樣的事。那麼，這樣的婚姻生活雖然表面平靜，但實則是一種逃避和隔閡，最終容易陷入一種絕望的狀態。

所以在做選擇之前，我們需要先弄清楚一個問題，就是這件華麗長袍上面的蝨子從何而來，我們的婚姻到底是怎麼了？

03

我們來看小麗的陳述。她覺得在自己的婚姻中，夫妻感情有默契，經濟獨立，溝通交流沒有障礙，似乎有一種琴瑟和鳴的感覺，所以對婚姻和老公百般放心。

我們也看到，老公在檢討外遇的原因時，也幾乎沒有挑出小麗和婚姻的任何毛病來。但是老公對於出軌的理由，倒是值得深思。首先是說為了事業發展。為了事業，為了成功，甘願犧牲自己的身體和情感，這樣的「拚勁」讓人覺得有點匪夷所思。

再來是逢場作戲。好一個「逢場作戲」，假如小麗也這樣「逢場作戲」，不知道老公是否會「心有戚戚焉」？

最後強調沒有感情，也沒有對和第三者的關係做長遠計畫。他的意思也就是，「妳只管安心做我的妻子，我只是一時貪玩，最終會回到妳身邊的」，所以他覺得自己這樣的出軌情有可原，甚至似乎在他的輕描淡寫中，還帶著一點覺得小麗小題大做的委屈。

所以，老公覺得情感上面沒有真正的投入，就不算對婚姻不忠。一句「逢場作戲」，也是希望能寬慰小麗的心。就像是在說：「妳看，我即使和她發生了關係，我的心也依舊在妳的身上，這樣的深情，妳即使沒有感動，應該也可以體諒，可以原諒的吧。」

雖然老公以下跪的動作來表示自己的誠意，但是，讓人懷疑的是，倘若老公以後依舊要為自己的事業「獻身」，覺得逢場作戲只是一種事業進步的策略，那麼這個下跪的動作，便更像是暫時平息事態，穩住老婆的一種輕佻之舉了。

04

為什麼呢？

這裡其實要講到心理學中男性和女性對待出軌的不同態度。美國著名心理學家珍妮絲．史普林（Janis Spring）的著作

《外遇的男女心理》（*After the Affair*）中寫道：「女人更容易為愛而出軌，男人則更多的是為了性而出軌。女人覺得自己只要是為了真愛，自己的婚外情就是可以理解的，合理的；男人則相信，如果不是因為真愛，出軌就沒有什麼大不了的。」

小麗的老公為自己出軌進行辯解的理由，其實就是來自這裡：只要男人不動真情，婚外情就是合理的，逢場作戲只是一次意外，是一次短暫的放鬆而已。

男性有自信自己可以掌控這段關係只是保持在性關係的層面上。但是很多時候，他們卻忘記了兩性關係不是一個人的遊戲，當關係失控，婚外情對象要求得到更多的滿足時，傷害和失控就會發生，婚姻也會變得支離破碎。

如同小麗的老公以為自己的行為只是一種遊戲和消遣，但是當小麗發現其中的真相時，夫妻之間的信任大廈便因此而崩塌。

05

那經歷了這樣的出軌風暴後，被出軌的人要如何恢復過來呢？第一，妳可以讓自己站在受害者的位置上，悼念失去的美好感情，控訴老公的傷害。

第二，妳也可以重新去認識和培養自己，讓自己變得更加自信、美好和堅強，對婚姻有新的審視和覺察，然後做出讓你最舒服的選擇。

第三，妳也可以重新去探索自己的感情和兩性關係，扔掉破碎的瓦片，重新建立婚姻的大廈。

假如妳選擇第三種，那麼，或許，你可以這樣做：

1. 客觀看待妳們曾經擁有過的感情

他對妳的好是真的，妳們精神上的默契也是真的，妳們彼此經濟獨立、精神獨立，同時彼此欣賞。但是他出軌也是真的，這兩者是不能互相混淆、互相替代的。妳只有對妳們的關係和他的出軌保持一種客觀理性的覺察，才有可能跳出受害者身分，去客觀審視妳們的關係和感情。

2. 冷靜理性地去討論彼此的感情和婚姻

當妳可以冷靜理性地去討論妳們的感情和婚姻，而不是站在道德制高點或者受害者的位置上，去教育或者控訴對方的時候，妳們就可以坦誠地探索彼此的關係所遇到的困境，討論彼此的情感需求，更可以討論彼此的價值觀和人生觀。

例如，小麗需要去了解在老公心目中，事業成功意味著什麼，甘願用身體去換取利益是出於什麼樣的認知；而老公需要去了解，小麗內心真正渴求的幸福是什麼。

彼此給予對方需要的東西，真正懂得對方，在尊重彼此的基礎上，做出不帶情緒，讓自己利益最大化的選擇。

3. 在彼此有效溝通的基礎上，去建立界線

也就是說，妳需要讓對方明確，自己面對感情的底線在哪裡，假如踐踏了這條底線，會有什麼樣的後果。

小麗的老公覺得自己為了事業，為了資源，可以逢場作戲。他既沒有守好婚內婚外的界線，更沒有守好和女性同事的界線，他只是顧及事業可以成全自己的個人成就感，但是他沒有想到的是，這樣的事業即便成功了，也會對家庭造成毀滅性的打擊。

4. 在建立邊界的時候，需要掌握好分寸，巧妙地運用「橡皮筋法」

鬆緊有分寸，太緊，容易斷；太鬆，容易掉。夫妻之間靠得太緊，容易被彼此吞沒，但是離得太開，就容易疏離。

就像小麗，她因為對婚姻和感情太信任，疏忽了對感情的經營。所以她們兩個人看上去似乎都很獨立，但是這個獨立中倘若缺乏一定的依賴，很多時候就容易忽視了問題的產生。

5. 要建立邊界和底線

其實被出軌的一方是需要很大底氣的，當妳有足夠的底氣時，對方就不容易忽視妳的感受了，不會再把「逢場作戲」掛在嘴邊做擋箭牌。

所以，讓自己變得更加自愛吧，去建設和培養自己，開啟自己的世界，相信自己是值得被愛的，把關係中的選擇權掌握在自己的手中。

就像小麗，她可以原諒老公，也可以選擇離開這段關係。

把選擇權掌握在自己手中，這樣才能讓老公在尊重自己的基礎上，學會珍惜，更學會經營婚姻和感情。

06

珍妮絲說，出軌並不都是負面的，它是為你敲響了一次警鐘。也許你會發現，正是這種核爆式的衝擊，瞬間擊毀了你原來的婚姻堡壘，一種更加健康、更加清醒、更加睿智的婚姻態度由此誕生，讓你的婚姻獲得了新生。

所以，穿過人性的複雜，利用我們內在的力量，讓自己在婚姻的風暴中，好好活下來吧。

為什麼說婚姻不可缺少儀式感

文／巫其格

「老夫老妻」成了婚姻擋箭牌

當談及愛情與婚姻這個話題時，總會有過來人給你一句「忠告」，他們可能會帶著嚴肅或者戲謔的口吻說：「你們這些年輕人也就現在談戀愛，還能如膠似漆、你儂我儂的，等結了婚就沒有這些心思了。婚姻可是愛情的墳墓，踏進去就沒有回頭路了。」

其實他們倒不是在嚇唬年輕人，當人到中年，婚姻總會出現這樣或那樣的問題和癥結。

「都老夫老妻了，就不要弄這些形式主義了。」

「老夫老妻的還過什麼情人節，沒那個必要。」

「老夫老妻的，碰你就像碰我自己一樣，今晚各自洗洗睡吧！」

「結婚這麼多年，都老夫老妻了，我說話有沒有那個意思，你還不知道嗎？」

「老夫老妻」這四個字彷彿成了浪漫生活的擋箭牌。在外人面前，兩個人說「我們都老夫老妻了」，這是一種熟悉、親密的象徵；但在家裡，用「老夫老妻」作為口頭禪拒絕做出愛的行動，就是關係疏遠的開始。

「老夫老妻」在更多時候已經成為婚姻裡懶惰的藉口。在這個理由下，任何人都可以肆無忌憚、無所顧慮，甚至不用再表達愛意，不用再費心去經營婚姻關係。

婚前，很多男人可以使盡渾身解數去營造浪漫，直到他喜歡的女人願意嫁給他。婚後，理性的男人重心回歸事業本身，關注點也回到他自己身上。

漫長的婚姻中，有的男人早已厭倦了，於是拿「老夫老妻」作為藉口，不斷「洗腦」女人，試圖麻痺女人對於愛意的渴求，以此為自己省去所謂的「麻煩」。

這樣的婚姻，味同嚼蠟，無疑是慢性自殺。最後，婚姻的實質已經死了，只剩破敗的空殼。而這樣的夫妻，往往也是貌合神離，麻木度日。

一旦有一方忍不住尋求新鮮感和浪漫，就會有出軌的情況發生，最終面臨離婚。

老夫老妻≠沒有激情

我們經常在電視劇中，或者在身邊見到這樣的場景：

一個女人對老公嘮叨：「當初你追我的時候各種甜言蜜語，送花送禮物，天天接送我上下班。等把人追到手後，好聽的話你也不說了，禮物也不送了，想一起出去吃頓飯、看場電影都難，每天不是窩在家裡打遊戲，就是和你的狐朋狗友喝大酒。」

有的人覺得這不是很甜蜜的日常嗎？至少家裡有個人嘮叨，不會一點「人氣兒」都沒有，看起來很溫馨。

但其實，一切嘮叨的背後，都不是無緣無故的，一個人只要經常嘮叨，那多半是因為心中有所不滿。嘮叨一次兩次、十次八次可能沒什麼，可怕的是，稍微不注意就嘮叨了一輩子。

如果將來真的出現了很嚴重的爭吵，那麼這些看似甜蜜溫馨的嘮叨，就會變成兩個人拿來翻的「舊帳」。

一個女性朋友的婚姻維持了九年，為老公生了一雙兒女。雖然老公還算顧家，但是她總感覺婚後的生活索然無味，有時候更是受盡委屈。

原本她老公是個很懂浪漫的人，戀愛的時候，每個節假日都會為她準備驚喜，不僅記得她家人的生日，連她的生理期都記得一清二楚，還會提醒她記得發生日祝福給家人，也會提前備好紅糖薑茶端給她。

婚後，老公變得不再像從前那麼浪漫和體貼。他把大部分精力都放在事業上，即使空下來也是在陪伴孩子，帶孩子去遊樂園，替孩子買玩具、過生日，各種國定假日也只有孩子能收到蛋糕和禮物。而她們的結婚紀念日、情人節，以及她的生日，老公都沒有陪在她身邊，甚至乾脆忘了結婚紀念日。

對於婚前婚後的這種落差，她直接和老公說明了自己內心的想法，可老公每次的回應都是：「都是老夫老妻了，又不是年輕人，弄這些華而不實的東西就是浪費。」

一開始她被老公說服了，也覺得夫妻生活終將回歸平淡，儀式感什麼的也不那麼重要了。但是，長此以往，她感覺自己和老公的感情慢慢變淡了，難以交心，也很少有性生活，只有在看到孩子的時候，才覺得他們像夫妻。

結果，沒有激情和儀式感的婚姻，最終在「老夫老妻」之下宣告終結。

其實，很多人都會有這樣的感覺，相處時間越長，對待對方的態度越是平淡，感覺反正都是自己人，何必太在乎外在表現，隨意就好。

但當你真正開始隨意做自己的時候，你會發現對方變了，或者覺得有沒有對方都無所謂了，這個徵兆很可能讓婚姻出現裂痕。

電影《重慶森林》裡有句話說：「不知道從什麼時候開始，在每個東西上面都有一個日子，秋刀魚會過期，肉醬會過期，連保鮮紙都會過期，我開始懷疑，在這個世界上，還有什麼東西是不會過期的。」

所有東西都需要保鮮，婚姻也需要保鮮。

白天是夫妻，晚上是鄰居

人的細胞平均每七年會完成一次新陳代謝。婚姻中的「七年之癢」不知是否與此有關。兩個人在一起生活了七年，可能會因愛情或婚姻生活步入平淡，而感到無聊乏味，到達倦怠期，經歷一次危機考驗。

很多人會不由自主地將愛情轉化為親情，而這份親情雖然可以讓兩人的感情更堅固，卻同樣存在著風險，讓雙方從夫妻變成了同居人。

我見過很多本來相愛的夫妻，走到最後只有柴米油鹽、生活瑣碎，還有孩子的一切一切，唯獨沒有了最初熱戀時的激情和熱情。總是以「老夫老妻」為藉口來掩飾越發淡漠的感情，甚至已沒有了感情。

如果真的有感情，再老也可以互相攙扶著去做一件事，哪怕是坐在輪椅上一樣可以談天說地。

有人會問，「老夫老妻」不好嗎？

「老夫老妻」這個詞，在從前是夫妻「執子之手，與子偕老」的意思，是我伸手你就知道我想要什麼，彼此有話可說，有愛可談。放在如今的時代，就完全變了味，它變成了表示與戀人間的感情就和左手摸右手一樣，乏味無趣的意思。

剛在一起的時候，巴不得天天膩在一起。現在是相看兩相厭，寧願出門多喝兩杯酒，多打兩局遊戲，也懶得多花點心思陪伴身邊的那個人了。

是不愛了嗎？

並不全是。而是婚後兩個人逐漸認為愛情已經變成親情了，彼此十分熟悉，就可以無所顧忌，不需要再保留自身的神祕感。

可任憑是誰，都會有審美疲勞的時候。只有那朦朦朧朧的美，才能長久地勾人心魄。

不要總是在伴侶面前暴露全部的自己，保持一點神祕感，才能時刻勾起對方的好奇心和慾望。

婚姻不可缺少的儀式感

很多已婚男人認為結婚紀念日、情人節、七夕節等節日的存在就是一件矯情的事，所以不願意為了形式而費神去準備禮物，覺得既浪費時間，又浪費錢。

事實上，儀式感並不是矯揉造作地去營造浪漫和愛意，更多的是表現出夫妻之間一種積極的生活態度，是對婚姻和愛情的認可和尊重。

注重婚姻的儀式感，展現的是對彼此的在乎：我愛你，所以，我想與你一起製造屬於我們的獨特時光。

婚姻裡的儀式感，會把夫妻暫時從家庭的柴米油鹽中抽離出來，從「孩子他爸」、「孩子他媽」的角色轉換為戀人角色，去感受屬於夫妻二人的愛與幸福。

婚姻也需要一些儀式感來製造新鮮感，讓彼此既有時間去回憶過往的美好經歷，也有時間分享彼此的新變化，如此一來，夫妻雙方都會把這種幸福的感覺與對方相連。

女人，請妳記住，別再讓對方用「老夫老妻」來打發妳，更別再用「老夫老妻」來打發自己了。

無論如何，面對婚姻都要認真對待，真愛與否唯有用心體會才能發現。相愛容易，婚姻不易。

第二章

婚姻經營：
幸福的婚姻有法可循

擺脫原生家庭的不利影響，婚姻這樣經營才能幸福

文／趙捕頭

個體心理學（Individual Psychology）奠基人阿爾弗雷德·阿德勒（Alfred Adler）說，生命的一切問題都可以歸於三大類：同伴、兩性、職業。

有位朋友說，我個人判斷阿德勒是按照人的活動場所的關係來分類的，但是我按照人由內心到外在，也把人一生經歷的關係劃分為三大類：自己和自己的關係、自己和伴侶（戀人）的關係、自己和社會（職場）的關係。

今天，她帶著自己的故事來到這裡，講述自己從缺愛的女孩到內心強大、精神獨立的女人，從經歷了問題滿滿的婚姻到擁有了幸福美滿的愛情，希望帶給大家一些啟發和幫助。

一生下來，就被剝奪了當孩子的權利

我家有五個孩子，我是老大，承擔著家裡的各種家務，和父母不在時作為「替補父母」的角色。從 6 歲開始，我就學會了做飯，照顧弟弟妹妹。

上初中後，父母便整天在外工作，我在家裡守護著弟弟妹妹。我的爸媽就是那種對讚美超級吝嗇，又秉承棍棒底下出孝子理念的放養式父母。

後來，父親去世，把弟弟妹妹託付給我，這注定了我一直操心的命運。

最困難的時候，弟弟在他鄉打工，打電話跟我說身上沒錢了，我摸著身上僅有的 200 塊，去銀行裡匯款給弟弟。銀行工作人員有點疑惑，再次確認說：「妳就寄 200 元嗎？」我很窘迫地說：「是的。」

妹妹們結婚得早，父母說婚姻自由，自由到無人問津。

這一點也是我一直無法原諒母親的地方，我們對月經來、交男朋友、懷孕等事情都不懂。媽媽教育的缺失，讓我們在青春期的那些年裡，吃了很多苦。

這樣的童年 —— 早熟，沒有人照顧，帶給我的好處是獨立、組織能力極強、不怕事、肯擔責，缺點就是缺愛、霸道、獨斷。

這在我日後的歲月裡，一直被驗證。

原諒了媽媽，告別了過去的自己

在我的生活裡，母親這個角色是缺失的。

30 歲的時候，我發現自己一無所有，沒房，沒車，沒存款，沒男人。

我把這一切都怪罪在母親身上。

30 多歲以後，我的內心認定我是自己的主人，以後所有種種都是我自己的，就算是苦、是錯都是我自己的。

從那時起，我再也沒有抱怨過原生家庭的影響，反而感謝老天替我這樣的安排，讓我堅強，讓我面對真實的自己，讓我在遇到困難時覺得不過如此，能夠迎難而上。

人只有到了改變命運或面臨生死的時候，才會產生一股力量，去挑戰「本性難移」、「人的命天注定」這樣如咒語般的環境，大概也只有在這樣的時候，才能逼著自己去改變。

今年九月分，我們老家所在的地方拆遷，多家親戚全部來湊熱鬧。面對金錢和利益，人性裡的惡暴露無遺。

但是也是在這種時候，媽媽果斷保護了我們。面對那些叔叔伯伯，媽媽說：「沒有我們的，就算了。有，我們就要。我最大的財富，就是這五個孩子。」

儘管媽媽平時只顧自己，但在那一刻，我明白了，她只是把我們藏在了心裡，我們做的一切，她都懂。

後來，媽媽表達了對我們的歉意，也很難得地承認自己的自私和沒擔當。親情就是那麼的微妙，68 歲的媽媽完成了她自己的蛻變。

而我，也徹底完成了和原生家庭的和解。

二婚的先生

遇到我先生時，我 30 多歲了，如果早一點遇到他，我會沒辦法處理好我們的關係。就在那一年，我才完成了心理上跟原生家庭的抽離。

先生是二婚，有一個女兒跟前妻住在另外一個城市。我認識他的時候，他離婚一年多，孩子一歲多。

我非常清楚他的狀況，他也很坦誠。我們聊了一天一夜，他跟我分享了這麼多年來他的生活，我也基本了解了他為何離婚，以及他與前妻之間的問題。

我們現在偶爾還會回憶剛開始對彼此的訴求，他說他不要吵架，我說我不要刷碗。

同時，我以為我做好了跟他共同面對問題的準備。然而，生活還是一個「化各種神奇為腐朽」的大師。

除了愛情甜蜜、性生活和諧、彼此共同努力、價值觀比較一致外，矛盾也有不少，而且幾乎所有的矛盾全集中在他那裡，因為我的身心都是空白的，很乾淨。

那時候，他的孩子還小，經常生病。剛開始，孩子一生病，他招呼都不打就走了，一點都不顧慮我的情緒。

在遇到事情要跟我商量這件事上，我們花了好大的工夫來溝通。當時，我好多次強忍著才沒有罵他，通訊軟體裡明明寫的是「滾」，但是我沒有傳出去……

關於我們家的共同存款，先生貌似還沒有從他前一段婚姻的陰影裡走出來，當然也有當時薪資並不多的原因，致使我多次跟他談家庭理財這件事，他都無法接受。

女人需要的體貼，他其實做得也不夠好。比如我生病了，他就會很「直男」地說：「哦，那怎麼辦？我又不是醫生。」這句話是在描述客觀事實，但聽起來是真的讓人生氣。

甚至在我們兩人結婚之初，發生了一件很極端的事。我傳訊息給我先生，他的前妻看到了，以致於我先生認為我不應該在那個時候傳訊息給他。

那天我剛好在弟弟家，弟弟問我：「姐，妳是第三者嗎？」

從之前的種種折磨到現在，家庭基金和溝通機制才慢慢建立起來。

先生現在工作上比較出色，對我也很細心。他會做家務，也會幫我縫衣服，裙子開衩的線都是他幫我縫，我的內衣基本上也都是他幫我洗。

我怕黑，難入睡，有時他也會講故事哄我睡覺。在親密關係上，男人只顧自己感受的事情，在我家沒有再發生。

我也會跟他撒嬌，幫他倒洗腳水。他偶爾應酬喝多了，我會幫他擦洗，順便對著他的屁股踢幾腳。

有朋友說：「妳們是我的朋友裡最幸福的一對。」我也知道婚姻幸福的人不多。但我也深信，一定有！

不管我以後有什麼變化，我都會好好愛自己，因為這是一個大趨勢的問題。婚姻不等於人生，我不會把自己的一切只連結在一件事上。

雖然我們很相愛，但是各自也比較獨立。其實我是個「黏人精」，但是我控制了自己。

那麼，我是怎麼做的呢？這裡是我的七大甜蜜法寶。

1. 把「我想打死你」換成「我想你」

態度上是以柔克剛，多溫柔撒嬌，少抱怨哭泣。如果他不在身邊妳又感覺很需要他，把「你怎麼這樣對待我」換成「我很想你」。

2. 男人是行動派，女人是言語派

想改變男人的動作，就要先自己付出行動，相應地，男人想優化跟女人的關係，就要多理解並用女人的語言表達。

拿一件小事來訓練。比如我哭了，他不知道遞紙巾。我們就坐在那兒，我假裝哭，讓他遞紙巾，我再假裝哭，他再遞，反覆練習幾次。就是要直接告訴他，妳的訴求。

3. 深刻理解他

深到什麼程度？在我第一次見到婆婆的時候，她拉著我的手說，自己如何含辛茹苦地撫養她的幾個孩子，公公如何沒作為等等，還舉了很多證明我公公不顧家的案例。當時，我並沒有意識到這些對我的婚姻會有什麼影響。

直到我在跟先生的婚姻裡屢屢受到「冷遇」的時候，我才開始觀察他，深度地了解他。

經過了解，我發現老公對親密關係的認知有著很大的缺失。他沒有從父母那裡看到夫妻應該如何相處，這才有了婆婆見我第一面時的那一幕。而婆婆沒有跟公公和解，沒有找到解決問題的方法，這使得生活在這樣家庭裡的先生沒有看到夫妻如何相處、遇到問題要以什麼樣的態度去解決。

我找到了自己梳理出來對於這件事情的理解和處理邏輯，並在一個深夜，關上燈，跟先生進行了一次長談。我把自己的分析跟先生分享，並告訴他，我理解他了，說我現在不覺得他不關心我是真的不關心我，只是不知道怎麼去做。

那一夜之後，我們的關係裡有了一些知己和朋友的成分，先生也感受到了我的用心，後來也逐漸建立了家裡的溝通機制。

美國著名婚戀情感專家約翰．格雷（John Gray），在代表作《男人來自火星，女人來自金星》（*Men are from Mars, Women are from Venus*）中做了一個統計，關於在婚姻的成分裡友情有多重要。資料顯示，含有友情的婚姻持續時間是 10 ～ 12 年，沒有的是 5 ～ 7 年。

4. 直接溝通，不要演內心戲，不要讓男人猜

我們女人很多時候，總是逮住一個朋友就哭訴自己的老公如何如何，卻從來不會真正和老公溝通。這樣的結果就是：自己內心裡演了數十集電視劇，但老公好像才把電視打開。

這對於處理問題沒有絲毫作用，自己還生了一頓悶氣。長此以往，這種內耗會毀掉婚姻。

5. 在婚姻中一定要培養「我們」這個概念

不管什麼情況下，夫妻關係放第一位，從語言到行動，強化「我們」的概念。除了夫妻之外的父母、孩子、兄弟姐妹，都是「他們」，只有夫妻是「我們」。

6. 抓出主要矛盾

處理事情時，牢記妳想要的結果是什麼，千萬不要被其他的細枝末節影響到妳想要的結果。比如在婆媳關係的處理上，不管妳的妯娌或其他人說了什麼，都不要因此決定妳的態度，千萬不要讓流言蜚語影響了妳和婆婆的關係。

7. 設立界線

我不同意在婚姻裡一方一味地遷就對方，尤其越是在比較複雜的婚姻狀態中，越要有邊界感。

我尤其同意橋水基金（Bridgewater Associates）的創始人雷·達里歐（Ray Dalio）在《原則》（*Principles*）裡說的，要一步步地鋪設好原則，表明自己的界線。

比如我自己，面對他的孩子，他要接受我什麼都不做是正常的，做了就是善良的，因為我們不能自詡為「聖母」，我們也要承認正常的人性。

比較清晰地讓對方知道妳的界線在哪裡。有些可以有彈性，但不能放棄。

最後，做這一切的基礎是耐心。著急沒有用，事物發展自有其規律，何況是面對習慣、人心、性格等這麼重要而固執的因素。

哲學家柏拉圖（Plato）說：「耐心是一切智慧的泉源。」這句話對我幫助很大。古人說：「三思而後行」，馬雲說：「很多人倒在明天，其實後天就有光明。」

有時我們也會懷疑自己的選擇，其實仔細思考一下妳就會明白，妳的選擇恰巧反映妳的需求，如果結果不好，要考慮的是，是不是自己的訴求哪裡出了問題，需不需要調整一下自己內心最真實的訴求。

我們每個人都在摸索，都在建設自己完整的模樣，但其實我們的模樣就像一個有缺口的「C」。

我們在跟另一個人建立浪漫關係時，都想要尋找完美的「O」。但其實我們都是不完美的。最好的伴侶關係，一是向外尋求，補充自己不足的「C」的缺口，向「O」靠近，而不是單向地向另一個「C」索取，期盼他給你「O」的反應。二是兩個「C」都承認自己是「C」，成就彼此的「O」。

我非常感謝我的先生，在我唸心理學的時候，他說了一句很有高度的話：「我覺得我的事業來得夠晚的了，妳的更晚，就在心理學上。」

現在，我很感恩以上經歷，如果不是兒時的獨立，如果不是父親的重託，如果不是母親冷漠的散養，如果不是與先生面對那麼多坎坷，也沒有這樣一個有愛、自信而勇敢堅持到今天的我。

沒有怨恨，只有面對、感恩，相信老天自有安排，相信努力終有結果。

希望你們感受到的是穿越泥沼，歸來已經充滿生命香氣的人生。

步入婚姻前，最重要的考量因素是什麼

文／肖璐

最近有個朋友跟我說，因為到了適婚年齡，家裡人催婚催得緊，自己也怕過了最佳的生育年齡，所以想結婚了。

但讓她很頭痛的是，她正面臨兩個截然不同的對象追求，不知道該如何選擇。

她覺得兩個人都有她喜歡和欣賞的地方，但不知道誰更適合和自己一起進入婚姻。

更讓她頭痛的是，這兩個選擇是截然相反的類型。

A 是一個體貼周到的男人，對她很熱情，也很會哄她開心。精心準備的禮物、提前準備的節日約會，讓她覺得他是一個很懂得浪漫和喜歡精緻生活的人。但他的性格比較像小孩子，享樂主義，在事業上沒有太大的野心，不太懂得規劃未來的生活，雖然收入過得去，但沒有積蓄，也不考慮買房，覺得生活就應該快樂至上。但和他在一起很開心，會讓人暫時忘卻生活的煩惱，體驗到感情中有活力和激情的一面。

而B則恰恰相反。B性格比較沉悶，在一起時兩個人沒什麼話說，可是能感覺到他是個可靠踏實的人，對工作和家人都非常負責，事事懂得提前規劃，覺得有積蓄、有保險、有房子才是穩定的人生。雖然她對B沒有太強烈的感覺，也知道跟他在一起不會像和A在一起時那樣有激情，但是會感到踏實和安全。而且兩個人從事的行業相同，如果一起經營事業，也會是很好的搭檔。

她說她根本不知道怎麼選，因為兩個人都有讓她心動的地方。這大概是很多人都會遇到的問題。在愛情裡，我們常常不知道自己到底想要什麼，不知道該怎麼選。

這其實是一個「婚姻動機」的問題：你到底是為什麼而走入婚姻？婚姻和愛情對你來說是一種什麼樣的存在？

婚姻的本質

現代社會中，越來越多人認為，浪漫愛情是婚姻的必需條件，如果一個人不能讓我們有激情和心跳的感覺，我們就不應該和他結婚。

但令人驚訝的是，這是近50年來才出現的新觀念。也就是說，堅持浪漫和激情作為婚姻前提的歷史也才只有半個世紀。

縱觀人類發展的歷史，在此之前，人們選擇進入婚姻的擇偶標準，和浪漫愛情沒有多大關係，人類的婚配有著政治的、經濟的、實用的和家庭整體的原因，而唯獨不存在因為彼此相愛而結合的。

也就是說，婚姻的本質是一種契約關係，進入這個契約的雙方，就要為共同的利益和約定進行合作，為這個利益共同體付出自己的一部分東西，也從這個關係裡取走自己需要的那一部分，互通有無。這實質上是一種交換和供需的平衡。

婚姻中的雙方，有付出也有得到，都能感覺到這個關係是有益於自己的，於是願意長久地維持在這樣一個關係中。

所以能在一段婚姻中，搞清楚你能得到什麼，又能付出什麼，就顯得尤其重要。

某經濟學家說，談戀愛之所以很難撮合，正是因為談戀愛的本質就是一種以物易物：我喜歡的剛好你有，你喜歡的剛好我也有，而這種「剛好」具有一定的偶然性。

婚姻的選擇一般遵循哪些原則

我們在選擇共同進入婚姻的對象時，都會有自己的考量：我最喜歡對方身上的什麼品質？最看重他哪一點？是讓我臉紅心跳的刺激感，還是有責任感？是善良、有愛心、不注重物質，還是收入穩定、社會地位高、家庭背景好？是對我非常包容體貼，還是和我在很多事情上的看法一致，容易產生精神共鳴？

這些考量其實都遵循了一定的原則，大致上會有以下幾種原則。

快樂原則：激情之愛

沉浸在這種情感中的人會體驗到對伴侶強烈的渴望，伴隨著生理反應、急促的呼吸和劇烈的心跳，會讓人產生極大的滿足感和狂喜的心情，有一種不可抑制的念頭。這是親密情感中最有激情和動力的感受，也是俗稱的「浪漫愛情」。

這種關係常見於熱戀階段。強烈的感情被激發會讓人忽視理性，不計較後果地追求當下的快樂，伴隨著一定程度的理想化和盲目。

但這種情感的強烈程度一般會隨著時間的推移而逐漸消退，並不能持續和保持長久。有的人會因為激情的逐漸消退而走向「伴侶之愛」。

相伴原則：伴侶之愛

相比起激情之愛，遵循相伴原則的伴侶之愛更加穩定和長久。兩人的感情建立在互相陪伴、長期互相付出的基礎上，這樣的情感更像是一種親情或者友誼。有家的溫暖，卻比較平淡，沒有太強烈的激情，但生活中能互相合作，相互扶持，有一種溫情的感受。

因為這種情感進入婚姻的人，需要的是一種穩定的依戀感和信任感，這種關係也常見於得以長久維持下去的婚姻關係中。

安全原則：現實之愛

這種情況多見於從前男女地位不平等，女性需要依附於男性的時期。女性的經濟能力不如男性，所以會選擇和物質資源豐厚的男性締結婚姻，這樣可以使她們自身的生活得到保障，這是一種基於安全和自我保護需要的選擇。而男性也可能因為在生活上需要一個照顧自己的人，而用自己的經濟基礎去換取一個「賢妻良母」，替自己料理生活。

這種性質的婚姻多是基於現實原則，非常理性，所以親密和激情的因素很少，兩個人僅僅只是在一起搭夥過日子。但這種合作可以讓彼此之間都受益，所以婚姻裡的雙方也可以保持忠誠，就像在一起開一家公司，兩個人都是股東。

這種關係也常見於從前包辦婚姻的初始階段，也可能出現在一段親密和激情都消耗殆盡的婚姻關係中。

適合的婚姻就是匹配彼此的需求

最理想的婚姻當然是對方具備一切你想要的特質，而你也剛好是對方所期待的樣子。但那樣的感情是罕有的，是一種比較理想化的狀態，遇見的機率也很小。

所以當我們面對一段不那麼完美的關係時，搞清楚自己和對方的需求，而且有所取捨就變得很重要。兩個人進入婚姻的動機和需求是匹配的，那麼這段婚姻就是合適的。

很多婚姻的破裂，就是夫妻關係上的定位不清導致的，有時候我們既期待丈夫威嚴能幹，又想要他浪漫風趣；想要妻子幹練體面，又期待她溫柔順從。但實際上這些特質滿足的是我們的不同需求，在同一個人身上尋找是矛盾衝突的。

甚至有時候為了討好對方，我們會偽裝成伴侶想要的樣子，人為地切割了自己，努力變成伴侶期待的樣子，而失去了自己真實的模樣，最後也並不能使對方滿意。還不如索性做真實的自己，讓彼此清楚地知道我們有什麼，對方要什麼。

帶著孩子再婚的女人，如何創造理想的幸福婚姻

文／青璇

30 歲的我，離婚了，帶著不滿一歲的兒子。

我媽知道我離婚的事情後，整夜整夜睡不著覺。她想的是，我帶著個孩子，怎麼再找一個條件好的老公？再婚的老公如果對兒子不好怎麼辦？我爸則一直吧嗒吧嗒地抽著菸，知道木已成舟之後，說我跟前夫那樣不可靠的人離了也好，就一個人帶著孩子過，老爸幫妳一起撐著。

我知道，未來會更艱難，但不管是否會再婚，我都會努力讓自己和兒子過得幸福。

2014 年，我遇到了我現在的先生。

相互了解半年之後，我們確定了戀愛關係，三年後便結婚了。

因為是帶著孩子的再婚家庭，從一開始就混合了各種紛繁的關係，所以磨合期來得更快、更猛。

我們都在這個過程中感到痛苦、迷茫，甚至一度想放棄。如今回想那些歲月，雖然痛，但是彌足珍貴。

沒有經歷過考驗的婚姻，都不足以稱之為穩固

很多年輕女孩說：「老公好不好，生個孩子就知道了。」這是因為生孩子之前，我們都還算自由，沒有需要二十四小時看護的「小東西」占用你的時間，沒有「小祖宗」吞噬你的金錢，沒有婆媳姑姨的關係消耗你們的感情。頂多就是生日吃什麼、紀念日送什麼之類雞零狗碎的小事情。

我們倒好，剛一結婚，直接就進入了全家人一起養孩子這樣一種複雜又尷尬的境地。

但是不得不承認，那是我們彼此成長最快的一年 —— 無休止的吵架考驗著兩人的感情，各種現實困難逼得我們不斷提升解決問題的能力，那些被解決了的問題和共度難關的經歷才進一步打下了我們的婚姻基礎。

我跟先生結婚八年，這兩年的狀態越來越好，這些不只是運氣，更多的是靠經營。

回想我們走過的這些年，我自己走了很多彎路，也累積了一些經驗，希望分享給大家，如果你們有第二次婚姻，幫助你們更容易地從中獲得幸福。

反思上一段婚姻的問題，吸取經驗教訓

婚姻失敗，一定不只是一個人的原因。

不管離婚後你是選擇單身還是再婚，你都需要調整自己、反思自己，認真總結經驗、吸取教訓，確保以後不會再犯類似的錯誤，這樣才能在下一段婚姻中收穫幸福。我自己的問題主要有三點。

一是結婚之前對對方了解不夠。雖然戀愛談了很久，卻一直處於一起吃吃喝喝玩玩的層面上，很少認真、深入地去了解對方的原生家庭、個人成長史等。

二是結婚之後順其自然地就生了孩子，並沒有做好充分的準備，比如孩子生了誰帶，有婆媳矛盾了怎麼辦，如果伴侶負不起父親的責任怎麼辦等等。

三是婚姻出現問題之後，我自己解決問題的能力不夠。很多時候，小事情被我弄大，大事情被我弄得無法收場。感情這個東西就是這樣，一旦被消耗掉就不好修補了，補不好是個坑，補好了也是個疤。

寧願辛苦地單身，也不要湊合地再婚

有些女性剛剛經歷了不幸的婚姻，感情遭受了重創，內心空虛，急需關懷。這種時候如果有人對妳示好，那妳就要

非常小心，往往這類感情都是虛幻的。就像我們在沙漠裡久日無水，突然有人給了妳一瓢洗澡水喝，你會覺得食之如甘露，但是正常情況下我們一嚐就知道，這水品質不佳，還隱約透出一股異味。

還有些女性覺得，一個人帶孩子太辛苦了，就想湊合找個伴一起來養孩子，這樣能減輕自己的負擔。

我非常反對這樣的做法，人生實苦，不在這裡苦，就會在那裡苦，不在現在苦，就會在未來苦，全看個人的選擇。選擇現在苦，妳只苦在一個人帶孩子，一個人賺錢；選擇未來苦，妳可能要苦在一個人帶好幾個孩子，一個人養全家，萬一再碰上一個家暴、出軌的老公，妳難道要再離一次婚嗎？

都說吃一塹，長一智，再婚一定要擦亮眼睛，認認真真地選擇一個良人。

愛情是解決一切困難的原動力

很多女性選擇再婚對象，首要條件是對自己的孩子好，這其實是本末倒置。因為他只有愛妳，才有可能對妳的孩子好。

養育過孩子的父母都知道，帶小孩是一件極其考驗耐心、智商和體力的苦活。我們都是普通人，將心比心，讓妳對一個沒有血緣關係的孩子表現出發自肺腑的愛，沒有對孩子父親（母親）的真愛做支撐，何以為繼呢？

婚姻本就艱難，再婚家庭更是難上加難。

我跟先生曾經因為孩子的教育方式吵架，因為我母親跟他鬧得不愉快而吵架，因為吃飯口味不同吵架，甚至因為晾衣服的方式吵架……吵到嚴重的時候，彼此都想著，要不然算了？反正也不是沒有對方就活不下去。

但是每次冷靜之後又覺得，如果自己改變一點點，兩人在一起也許就能獲得更大的幸福。

於是我們努力改變溝通方式，提升解決問題的能力。

人與人之間的關係就是這樣，當你先改變了，你會發現對方也在悄然改變，於是婚姻就進入了良性循環。

信任是再婚家庭最重要的基礎，沒有之一

再婚家庭最複雜的問題是如何對待伴侶在上一段婚姻中擁有的孩子，非血緣關係的父母真心不好做。不管，怕對方覺得你不用心；管得嚴一點，又怕被對方臆測自己虐待孩子。這個分寸很難掌握。

每個人的教育理念和方法各異，標準也不一樣。既然你選擇了對方，就要充分信任對方，任何事情一定不要先預設立場。

有一次我跟先生帶孩子出去旅遊，孩子想買玩具，因為家裡剛買過類似的，先生就覺得不應該買，而我覺得既然出來玩，就是要讓孩子開心，想買就買。為這件小事我們鬥了幾句

嘴，他很生氣，甚至說出要分手的話來。

我當時覺得很奇怪，為這點小事至於嗎？靜下來一想後，我就知道問題出在哪裡。

於是跟他說了這番話：「親愛的，我從來沒有懷疑過你對孩子的愛與責任，無論我多麼不贊同你的觀點和方法，都不影響我認可你是為了孩子好。當初我選擇跟你在一起，就是愛你的人，欣賞你的人品，所以，你也要相信我對你的信任。」

雖然當時他嘴上沒說什麼，但是我看得出來，他心裡一下子就釋懷了。

從此我們再也沒有為類似的事情吵過架，當然，因為教育方式的爭論仍然是我們的日常。

為對方多考慮，才是婚姻能長久幸福的保障

想想我們自己希望跟什麼樣的人共度一生？

是不是時時把你放在心上，把你的感受放在第一位，做任何決定都為你的利益考慮的人？

如果真的遇到這樣的人，你是心安理得地享受，還是會投桃報李。排除少部分非常自私的人，我相信大多數的人還是會選擇有所回報的。

我們結婚前先生就說，如果我不想再生孩子就不生，大寶就是我們唯一的孩子。但是我知道，他內心非常渴望擁有自己

的孩子，所以我很堅定地生了二寶，先生非常感動。他更加努力地工作，時刻警醒自己對兩個孩子是否一碗水端平，對我的父母也更加包容愛護。小家庭有了二寶後，更加和諧幸福了。

我們家的房子、車子、存款（婚前婚後都有）全部在我名下，先生的薪資也全部交給我，先生說他不需要，因為如果我們分開，他是更有能力賺錢的那一方。

我說不，這些都是我們夫妻的共同財產，房屋權狀上也要加上他的名字。雖然最終並未去變更加名，但是他心裡知道，我在為他的權益考慮。他也知道，無論他為家庭付出多少，我都會公平地對待他。

當心靈有了歸宿，靈魂有了依靠，付出一切就變得甘之如飴了。人到中年就應該知道，世界上並不存在那個對的人，也沒有什麼天作之合，童話裡真的都是騙人的。認清事實才是我們成年人生活的準則。

作家羅曼．羅蘭（Romain Rolland）說：「世界上只有一種真正的英雄主義，那就是在認清生活的真相後依然熱愛生活。」

婚姻也是如此，我們要在認清了婚姻的真相之後仍然相信婚姻，在知道了對方的缺點之後還想和他在一起，在明知道困難重重的前提下依然勇敢前行。

生活會獎勵勇者，時間會善待智者。願我們都在未來的時光裡，珍惜遇到的人，讓自己成為對的人！

夫妻相處核心問題大曝光：孩子才是婚姻關係的試金石

文／夏一丹

放學回家，總要玩上一兩個小時才能開始做作業；動不動就發脾氣、摔門、扔東西；

只要和他說點什麼，他立刻就換上一臉嫌棄不耐煩的表情；

看著十歲的兒子越來越不對勁的表現，小麗急了，小麗的老公張鵬也急了。

迫不得已，小麗、張鵬和兒子一起，坐在了心理諮商師面前。但是，心理諮商進行到第三次時，小麗和張鵬就發現，孩子的問題，癥結竟然在他們兩個人的親密關係上。那一天，小麗想：該還的，終究要還啊！

平靜的關係下面，藏著一個黑洞

那年，兩個公司辦聯誼活動，張鵬對小麗一見鍾情。小麗有些猶豫，但因為覺得沒有更好的選擇，加上張鵬追得勤，所以她也就順勢留在了這段關係裡。

戀愛期間，小麗有一回被新來的上司堵在茶水間說要談談心，她急中生智避開了。想著息事寧人的她並沒聲張，卻不料有一天上班時，剛進辦公室就被上司的太太一巴掌打了過來。

當時，是男同事施凡過來替自己解了圍。小麗隨後就打電話給張鵬，他雖然氣憤，卻只是甕聲甕氣地說了句：「我想想怎麼辦。」

之後，便掛了電話。

小麗當然心裡不舒服，可轉頭一想覺得這件事確實不好處理。後來，她收到了調回總部的通知，這場風波也就這麼過去了。

但她和施凡的關係，卻在這之後有些特別了。雖未有出格的行為，她卻總覺得自己對施凡多了幾分信賴。

結婚兩個月後的一天晚上，張鵬從公司加班回來，手上小心翼翼地提著小麗喜歡吃的麻辣燙，卻在樓梯口看見施凡從自己家中走出來。

他頓時就傻住了。

一絲慌亂後，小麗平靜地解釋：「我的一個重要檔案被誤刪了，情急之下，我請他過來幫我，其他什麼也沒發生。」

張鵬難以接受：「妳找誰幫忙都可以，為什麼非要找他？」半晌，小麗冷冷道：「我找你，你會幫我嗎？」

張鵬瞬時不說話了。

結婚 11 年，兩個人類似的矛盾發生了一次又一次，事情並不一樣，但感受總是相同。

小麗覺得，出事時，張鵬這個老公並不怎麼可靠；張鵬則感覺，自己在小麗心目中的分量甚至不如她的一個男同事。

只不過小麗覺得張鵬也沒有太多可挑惕的地方：家裡的錢雖然不歸自己管，但他也沒亂花；雖然總在外面吃飯喝酒，但也沒有什麼緋聞。

何況，他對小麗也有很多做得很好的地方：她愛吃的東西，他全部記在心上，隨時為她買來；她要是生理期，他就會替她準備好黑糖水；她要外出，只要有空，他隨時接送。

每每感覺失落、無趣時，小麗就會想：人無完人，過日子嘛，有時候要糊塗一些，不能要求太高。

所以，他們的婚姻時常會被一些事情割傷，但又能很快因一些溫馨的日常黏起來。

如果不是這次為兒子進行心理諮商，小麗和張鵬都還認為，他們是一對算得上恩愛和諧的夫妻，根本沒有意識到，在這份穩定祥和的關係之下，其實藏著一個黑洞。

藏在洞裡的，是兩個人的傷。

他們更沒有想到，他們不曾留意的傷，最後都要由孩子來扛。

孩子是婚姻關係的試金石

兒子小海對小麗非常依賴。

小海即使已經 10 歲了，卻從來不敢自己睡覺，不管多晚，一定要媽媽陪；行為上也很難自律，要麼就不斷地磨蹭，要麼就找各種藉口玩手機，更談不上積極主動地去唸書。小麗為此很心煩。

在諮商中，小麗不承認她對孩子的態度裡，暗藏著對老公張鵬的不滿甚至輕視。

「平時的小事他做得很周到，但我真的需要他幫忙時，我就感覺他離我很遠。所以每次我都會想，我不要求他幫我什麼，我要自己靠自己。」

張鵬對小麗暗中的想法也瞭然，兩個人默契地保持著距離。明面上，兩個人互相尊重，相安無事，但是很難管理好暗地裡情緒的洩漏。

小麗對小海的需求很不敏感，當意識到了的時候，卻又反應過度；而張鵬對小海看起來關心備至，但一旦小海不聽從他的意見，他就會動怒。

漸漸地，小海的行為也失控了。

那天早晨，小海起床後，皺著眉頭說肚子痛、頭暈。

小麗擔心他是因為沒完成作業心裡畏懼，在以這種方式躲避；張鵬覺得既然孩子說不舒服，就該請假去看病。可小麗認為，即使孩子真的不舒服，也不一定非要上醫院去，可以在家觀察；而張鵬又說，若是沒有醫生的診斷證明書，小海的學校是不會批假的。

而當父母在「拉鋸」時，小海捂著肚子在旁邊默默地流起了眼淚。終於，小麗和張鵬達成了暫時的「共識」，讓小海先在家休息，等中午時再讓張鵬回來帶孩子去醫院。

中午，當張鵬急急忙忙趕回家時，卻見家裡的電視機上播放著卡通，餐桌上還有好多個沒來得及扔掉的冰淇淋空包裝袋，一碗速食麵沒有吃完已經涼了。

張鵬忍著怒氣讓小海換衣服跟自己走，小海卻不願意去，還理直氣壯地說：「媽媽說過了，不用去醫院！」

正在這時，小麗打了電話過來，問：「去醫院了嗎？」張鵬立即向她發了火：「不是妳說的不一定要去醫院嗎？現在他不肯去，妳說怎麼辦吧！」

小麗直接把電話掛了。否則，她怕自己身上的每一個細胞，都會咆哮出來：「你這個無能又無用的男人！」

而在家中拿小海無計可施的張鵬，氣得一巴掌就打在孩子臉上。那是他在自己的價值得不到認同時，絕望的吶喊。

可是孩子又何其無辜？

如果說孩子是婚姻的試金石，那麼小麗和張鵬就是一對經不起考驗的夫妻：情感疏離，互有敵意，缺乏信任。

更要命的在於，他們一直在逃避面對真相，也讓孩子飽受恐慌、冷落甚至暴力，逐漸陷入人生的荒蕪。

夫妻之間的滿意度需要不斷提升

確實，有婚姻教皇之稱的約翰·高特曼（John Gottman）說：「婚姻的基本任務之一，是在丈夫和妻子之間建立『我們』意識。」

說得更直接一點，就是夫妻間一定是要一條心，團結在一起。

當一對夫妻缺乏真正的情感連線和凝聚力時，困在其中被忽視、冷落或變相承擔責任的孩子，就只好尋找漏洞來滿足自己的需求，或者不得已要憑藉自己小小的身心，負擔起維持整個家庭表面穩定的重任。

所幸的是，小麗和張鵬都看到了真相。

某大學心理學系碩士研究生編譯的一篇文章中「對長期教養模式的研究發現，夫妻之間的滿意度直接預測了兒童的行為問題。」

這項研究發現：伴侶滿意度、教養方式、父母憂鬱，這三者均和兒童的行為表現相關，其中伴侶滿意度可以直接預測兒童一年之後的行為表現。

我的理解是，伴侶滿意度提升的話，孩子的不良行為也可能跟著被「治癒」。

我相信許許多多的夫妻，可能都有過難以釋懷的傷痛。可我更相信，這份傷痛背後，有我們不曾去發現的堅韌與深深的愛。

如果人生注定是一場修行，那不妨從現在開始。

要記住，這條路，你並不孤單，更何況，前方充滿了希望。

婚姻真諦：
94%的幸福婚姻，都不是我們想像的那樣

文／雲譯

你理想中的婚姻是什麼樣的？

有人說：「是嚐百毒而不死。就算吵得雞飛狗跳，第二天醒

來也會互相擁抱。」

有人說：「是深深的理解。我在鬧，他在笑；我在氣，他在哄。一個眼神就心有靈犀。」

有人說：「是平淡的日常。回家有熱菜吃，偶爾和對方說說情話，一起陪著孩子玩遊戲。」

一千個人或許會有一千個答案，但這些答案都有一個共同點：那一定是能讓你舒服的關係。

你可能會想：還用你說，我也想要過得舒服，可是這婚姻就沒法讓我舒服呀。

希望他上進點，他卻回家就「躺平」；

希望他洗個碗，可是碗洗了，流理臺卻沒擦；

希望他有點情調，說說情話，奈何他是「直男」，大腦只裝了死腦筋；

能不煩躁嗎？

但我想說：「你所認為的『舒服』可能是錯的。」我的一個朋友結婚十年了，才後悔當初不珍惜。

她說：「十年前，我羨慕同事的老公事業有成，替妻子買各種精品；後來我才發現，同事也羨慕我老公天天回家吃飯。」

「五年前，我羨慕朋友是全職太太，把孩子往學校一扔，別提多爽了；後來我才知道，朋友也在羨慕我的獨立和老公對我的尊重。」自從她想通這一點，看老公就順眼多了，婚姻也變得可愛多了。

原來「舒服」並沒有標準，它千奇百怪，而有的婚姻難題其實只需要轉念一想，就解決了。

下面我們就來看一下，三種標準「不舒服」的婚姻狀態，又會有怎樣不同的結果呢？

合夥式婚姻

劉若英說：「最好的婚姻，是我在你的懷裡孤獨。」她在書中描述了自己婚後的「孤獨」。

夫妻兩個一起出門，去不同的電影院，看不同的電影。兩個人一起回家，進家門後一個往左，一個往右。

你可能無法相信，他們有各自獨立的臥室和書房，只共用廚房和餐廳。

可這種「合租狀態」卻讓他們感到幸福。沒有控制，沒有束縛。在彼此獨立的空間裡，盡情做自己；在交集的兩人空間裡，盡情感受親密。

婚姻中的孤獨並不可怕，可怕的是這種常見的應對方式：試圖改造對方，擴大交集空間。

比如，要求對方少打些遊戲，兩人能多聊聊天。畢竟大家都說最可怕的婚姻就是無話可說，婚姻最重要的就是分享。

乍聽之下有道理，但真行動起來，費盡了心思，用盡各種辦法，卻無功而返。

為什麼呢？

因為「試圖改造對方，擴大交集空間」最常見的結果就是：你們都失去了獨立空間，沒辦法做自己；同時，你們不甘不願地待在交集空間中，不僅享受不了親密，還不斷增加衝突。

簡單來說，你的舒服如果是以對方的不舒服為代價的，那他一定也會讓你不那麼舒服。

可見「舒服」不是個單選題，而是選擇題 —— 要麼雙輸，要麼雙贏。

拐杖式婚姻

又假又懶，還有點「巨嬰」的女人，婚姻會幸福嗎？會！她會被老公寵上天。

某男星曾在綜藝節目中抱怨過自己的老婆：「老婆可以二十四小時躺在床上，躺到脊椎疼才坐起來緩解一下；懶到一個月可以不洗頭，『生命在於靜止』就是她的座右銘。」

大家問：「你不會討厭她、罵她嗎？」

他眼神中有些心酸，小聲說：「我哪敢？」他老婆到底有多黏他呢？

有時，他興致勃勃地想玩場遊戲，屁股還沒坐熱，耳邊就傳來老婆的呼喚。

一大早，老婆就喊了他 50 多次，一會兒要粉撲，一會兒要 45 度攝氏的熱水。

他一邊為老婆的「化妝事業」奔走，一邊還要回答來自老婆的「送命題」：「寶寶，你想我了嗎？」

「你不喜歡我叫你嗎？」

「你是不是不喜歡我這樣呀？」

「我打擾到你了嗎？」

「你是不是開始嫌我煩了？」

他的不耐煩瞬間沒了蹤影，趕緊切換成寵溺模式，連聲應：「喜歡，我太喜歡了！」

這種不同尋常的相處讓網友百思不解，網友們都說他老婆「假」，讓她小心別把老公逼走了。

這急死了他：「求大家不要再說我老婆假了，我很擔心她太難過，倒楣的還是我，我要趕緊去安慰她一下。」

很多人認為自己要獨立、懂事，過多的依賴會壓垮對方，讓婚姻不堪重負。

其實，婚姻有很多面，在這一面，一方依賴著另一方，一個願打，一個願挨。

在另一面，他的老婆心裡卻很清楚，她說：「我很愛我老公，我覺得好的夫妻關係應該是能達到平衡的狀態，就是每個人都去找這個平衡。一定要讓老公有他的存在感，我覺得這樣的愛情才會甜蜜。」

「舒服」不是別人定義的平衡，也不是刻好標準尺度的測量。它因人而異，祕訣很簡單 —— 就是他高一點，那妳就低一點；他低一點，那妳就高一點。

想想，還有誰能比妳更了解妳的枕邊人呢？

朋友式婚姻

無性婚姻是種什麼樣的體驗？我看過這樣一段話：

「沒有性生活，我們就是家裡的兩尊佛。」問：「佛的象徵是無慾無求嗎？」

答：「佛的厲害之處是怡然自得。」

聽過太多因「無性」而破碎的婚姻，看到這段話的時候，我卻有了另一番思考。

某論壇上有一個匿名故事。

老公因睪丸纖維化，影響了效能，進而影響了夫妻生活。剛開始，她也無法接受，會難過，會傷心，常常發脾氣。

每次口不擇言地指責老公，對方都只是沉默地接受，等她平靜下來，再抱著她、安慰她。

時間慢慢過去，她才發現：性真的不一定能決定兩人是親近還是疏遠。

走路時，老公總牽著她的手；老公很喜歡擁抱，總是會從後面抱住她；在街上，老公還會看看周圍有沒有人，然後偷偷親她。

她說：「先生愛我，就像我愛他一樣，這就夠了。相愛的心有多堅定，你們就有多幸福。」

輸給了無性的婚姻，往往不是輸在「無性」，而是輸在了背後的「無交」—— 沒有交流。

他們不僅沒有性，還沒有牽手、擁抱、接吻，連眼神都躲著對方，這背後是經年累積的失望和不滿。

例如，人總會生病，關係也是如此，總會出現一些裂痕。「舒服」不是婚姻健康、沒有任何「疾病」，而是你們如何與這些「疾病」相處。

可見「舒服」並不是滿足對方的慾望和需求，而是當你們無法相互滿足時，如何應對那些不滿和失望。

想讓婚姻舒服，先要懂這三個規律

說到這裡，你可能會想：這也太複雜了，跟我到底有什麼關係？

當然有！

實際上，舒服的婚姻背後的原理大致相同。

1. 發揮同理心，找到彼此的「癢點」

就像抓癢一樣，你背上癢，他卻幫你抓手臂，怎麼都找不到「癢點」，如何不讓人心裡氣惱？

找到一個能「抓好癢」的伴侶，及時準確地找到彼此的「癢點」，相處起來自然就舒服了。

曾在網路上看到過一則影片，是一位女孩試探自己的老公。她第一次伸手，老公主動遞給她一瓶水。

她第二次伸手，老公給了她一疊鈔票。

她第三次伸手，老公直接把手機給了她。

舒服的婚姻，就是這樣被滿足的體驗，渴了剛好有水，睏了剛好有床，餓了剛好有飯菜。

這種「剛剛好」，源自同理心。首先得看見彼此是渴了，是睏了，還是餓了。

2. 動態平衡，世界上唯一不變的是「變化」

什麼樣的婚姻最可怕呢？是一方付出，一方索取嗎？是一方討好，一方指責嗎？

都不是，是陷入單一固定模式的關係。

就像是我們的心電圖，那條線還跳動著，我們就還活著。當心電圖靜止了，變成一條直線，也就意味著死亡。

婚姻也是如此，你可以時常做一個小孩，撒撒嬌，發發脾氣，為生活加點佐料。但如果你一直都是個小孩，只索取不付出，對方只出不進，慢慢也會嫌虧，想要結束這段關係。

你可以常常討好對方，說些好聽的話，做些讓對方舒服的事。但如果你一直討好他，跪下就站不起來了，他永遠低著頭也會嫌累。用「動態變化」的視角去看待彼此，才可能讓婚姻一直「活」下去，發現更多的選擇，培養出面對眼前問題的智慧。

3. 深層次的意義，自我在關係的碰撞中形成

人類有一種核心的焦慮，被稱為「存在性焦慮」。簡單來說就是 —— 沒有關係，就沒有存在。

那麼，他對你有什麼樣的意義？婚姻對你的人生有什麼樣的意義？

服裝設計師山本耀司說過一句話頗有深意：「自己」這東西是看不見的，撞上一些別的什麼，反彈回來，你才會了解「自己」。

婚姻，這種不可替代的關係，是最能讓我們成為自己的途徑。而「最舒服的婚姻狀態」，就是在婚姻中找到彼此獨特的存在，孕育出一個全新的自己。

經營好婚姻的四個祕訣，缺一不可

文／郭友強

婚姻就像一座圍城，裡面的人想出去，外面的人想進來。

在踏入婚姻之前，兩人還未把彼此看得清楚明白，只是因為彼此相戀，便想著要一直依偎在對方身邊，相愛相守一輩子。

而走入婚姻殿堂後，我們才發現，結婚之前忽略的點點滴滴的生活瑣事是那麼令人煩惱，甜蜜過後不僅各自生厭，還都要面對來自生活的各種壓力。

這時我們才發現，婚姻並不是我們婚前想像中的那樣簡單。婚姻中同樣有很多道理，沒有經歷過，也很難會明白。

女人：顧家和上進，是不能兼得的魚和熊掌

「我不圖他多有錢，就想他能顧家、對我好，又努力上進。」好友小曼就是抱著這樣的想法，選擇了與現任老公結婚。

戀愛時，小曼的老公是個上進又體貼的人，每次約會，都會精心準備禮物給小曼，安排各種浪漫的餐廳，然後把她哄得開開心心。小曼本以為自己遇到了對的人，結婚後會很幸福，但現實是，結婚讓這段關係徹底變了味。

結婚後家裡的各種開銷都大了很多，於是老公開始更加努力地工作。本來這是一件好事情，但人的精力畢竟只有那麼多，努力工作的同時肯定會放下一些事，於是經過一番「權衡」之後，老公「出軌」了他的工作。

家在他眼裡開始變成旅館一樣的存在，他每天早出晚歸，家成了僅供睡覺的地方。

生病的時候，曾經無微不至的照顧，現在變成了找不到他

的人，只有通訊軟體上無力的關心。

懷孕生孩子，別人都是老公陪著，小曼卻是自己一個人去產檢，因為老公有重要會議無法脫身。

每次遇到這樣的事情，老公總是一臉內疚，然後不了了之。小曼也因此而抱怨或者發脾氣，但是也說不出什麼道理來。老公的薪資單都交給了自己，那麼辛辛苦苦地工作，還不是為了這個家？於是她只能把委屈憋在心裡。

男人：孩子是親生的，但是我真的不那麼愛他

如果說第三者是對婚姻關係最大的威脅，那麼每個結婚的男人都注定要面對這個威脅，而且這個威脅根本不可戰勝，這個「第三者」就是自己的孩子。

很多女人無法理解，明明是自己的親生孩子，為什麼男人會把孩子當成「第三者」呢？

其實男人對孩子的感情和女人相比，真的差很多。女人懷胎十月，一朝分娩，在孩子出生後，也是孩子主要的撫養者。媽媽和孩子，更像是心意相通的一個人。

而男人對於孩子的感情，更多是來自血緣關係。

我的一個同學，大學剛畢業就結婚生子了，成了一個爸爸。而他的心理年齡，還只是個大男孩，遠遠沒有一個成年男人應有的成熟。在家庭中，妻子把全部的精力都放在了小嬰兒

的身上，自己父母眼中也全是剛出生的小孫子。

於是在無意識的內心世界中，他回到了自己兩三歲的時候。當時家裡剛剛誕生了一個新生兒，兩歲的他非常害怕那個孩子會奪走家裡人對自己全部的愛，使家人再也不會關注自己。

因此，深陷此情境中的男人，現在最關注的事，就是怎麼把媽媽的關注奪回來，把妻子的愛奪回來。

在這個男人眼裡，孩子更像是一個自己難以戰勝的「情敵」。

女人：想讓老公更好，最後卻很難如意

最近一打開手機，總能收到朋友芊芊傳給我的訊息，她一直在不停地和我控訴：「他總覺得我煩，可我是為了他好啊。」

「我讓他去多賺錢，我說錯了嗎？孩子從出生到上學，哪裡不要錢！」

「他經常出去應酬，天亮了才回來，這過的叫什麼日子！」

「我為了他好，和他說了那麼多，他一點都不聽，越來越讓我失望。」

「你說，男人是不是婚後都會變成這樣？」

男人為什麼會變成這樣？

在精神分析之客體關係理論（Object Relations Theory）中有一個解釋，叫做投射性認同（projective identification）。在這個過

程中，一個人把自己內心的情感，透過言語或非言語的訊息傳遞給另一個人，另一個人接收到這個資訊後，會很配合地變成前者認為的那個樣子，然後前者再從後者身上確認，於是就證實了他最早投射出來的那些內容是存在的。

在芊芊的婚姻中，芊芊對老公不滿，於是她用了很多行為方式將老公靠不住這個念頭投射到老公身上。比如老公不管做什麼，她都覺得不滿意，她對老公的各種要求，都在暗示老公無法讓她滿意。慢慢地，老公就真的很配合地變得越來越讓芊芊不滿意，芊芊對老公的不滿也就越來越多。

使用投射性認同時，往往雙方都很難意識到發生了什麼。很多媽媽在孩子寫作業時，陪在孩子身邊寸步不離，其實就是在用行為告訴孩子：你很笨，你自己沒辦法完成。孩子也會很配合地出現各種錯誤，讓媽媽來輔導。這也是一個投射性認同的過程。媽媽沒有意識到自己做了什麼，對孩子也沒有任何的惡意，但是這種奇妙的互相影響就這樣發生了。

那麼，如果要讓老公更符合自己期待，知道該怎麼做了嗎？

男人：我愛面子，更愛老婆給的面子

自體心理學家海因茨·寇哈特（Heinz Kohut）有一句話說得非常好：「我們一生的幸福，來自我們出生時父母眼中的閃光。」

對於已婚男人來說，這閃光，就是別人給的面子，而最亮的一道光，自然來自自己的妻子。

很多妻子都知道在外面表現得小女人一些，這樣能讓自己的老公在外人面前有面子，但是回到了家裡，就忽略了男人在家中的面子。

我的一個來訪者小娟，因為一件事經常跟老公吵架。這件事她一直無法理解，那就是她太獨立了，因為她的獨立，老公覺得自己在這個家中尤其沒有存在感。

家裡的燈泡壞了，老公興沖沖地去買了一個新的，回來之後發現小娟已經換好了。

如果說能扛著一袋米上樓的女人是「女強人」，那麼小娟絕對算是個「全能女戰士」，家裡的大小事情，只要自己能做，她絕對不用老公幫忙。

老公不止一次對小娟說：「妳什麼事情都自己做了，要我們男人幹嘛用？」

男人在家裡的面子是什麼？是存在感，是希望在這個家庭中，能感覺到自己的重要性，也就是可以得到妻子的肯定和誇讚，能小小地滿足一下自己所謂的男人的面子。

如果小娟可以讓自己不那麼「獨立」，學會適度地依靠老公，讓老公覺得自己在妻子面前很有面子，那在遇到很多問題時，老公就會滿心歡喜地衝在前面。

畢竟世間最幸福的時刻，就是看到伴侶眼中的光。

男人眼中的最佳婚姻相處方式是怎樣的

文／茗荷

「你說明明是他出軌，憑什麼要我等他半年？」

「我為這個家庭付出了這麼多，他憑什麼那樣對我？」

在諮商或者生活當中，我經常會聽到這種話。但除了心疼當下那個備受折磨的她之外，也湧起了另一種感覺 —— 如同男性對女性的了解不足一樣，我們對男性一樣缺乏了解。

很多女性都停留於自己的固有認知當中無法自拔，對男性心理和想法的認知有點理所當然，總覺得自己付出了那麼多，卻還不被珍惜，為自己感到不值。在遇到婚姻問題時，只能讓自己痛苦不堪，又找不到出路。

或者，我們可以嘗試直接聽聽男性朋友們的聲音。

峰，39 歲，IT 行業技術職位

如果你在以前說「出軌」，我一定會認為這對我來說絕不可能，甚至有點痛恨那種自己在外面亂來，對家庭不負責任的男人。

我從小到大，接受的都是很正向的教育，爸爸媽媽雖然經常吵吵鬧鬧，但父親也沒有在外面有其他女人。我從小學業就好，深受老師喜歡，大學畢業之後，跟妻子也是自由戀愛，並順利進入了婚姻。工作雖然有點單調乏味，但至少屬於知名大公司，收入還可以。前幾日我偶然間讀到自己曾經寫給妻子，不對，是前妻的情書，我仍然感到激動。時隔多年，我仍然能夠感受到當時的我迷戀她的笑容的那份欣喜。

她是個性格很開朗的人，也很獨立，各方面跟我也很匹配。事情的變化是從有了孩子之後開始的。生完孩子之後，我忽然覺得妻子像是變了一個人一樣。大多數時間想的都是孩子的吃喝拉撒，精力幾乎全放在了孩子身上，對我漸漸地越來越沒有耐心了，我們之間的溝通也少了。

你問我不愛孩子嗎？當然不是的，孩子一天天長大，我也覺得他很可愛。可是我的心裡總是覺得空空的。加上我們的夫妻生活越來越少，我便感覺非常壓抑。時隔多年之後來看，我當然知道問題出在哪裡，可當時我就是覺得日子快過不下去了。

這個時候，同公司的她開始頻繁陪我聊天，開導我，安慰我，加上她確實也熟悉我的工作狀態，大家自然有很多話說。

一開始我們扮演的都是相互安慰的角色，互相傾訴一些煩惱，從沒有想過要做什麼越軌的事情。可時間長了，一邊是無法顧及我的前妻，一邊是處處能理解我的她。我早已經覺察到自己的不對勁，可我安慰自己，只要沒有發生性關係就不叫出軌。

第一次親吻她的時候，我渾身都在發抖……回家的時候，我恨不得打自己幾個耳光，可是，內心又湧動著一種難以言喻的欣喜，彷彿是乖孩子忽然偷偷做了一點壞事的那種竊喜感。長久以來，我做乖孩子、好員工實在是太久了，我太壓抑了。

離婚是我提出來的，因為我覺得遇到了世界上最理解我的那個人，為了她，我可以拋棄全世界。她也離婚了。

我們在一起了，但很快，我發現我面對了更多的問題。我時常在深夜裡想起我的孩子，好想親手捏捏他的臉，可是出於自己的原因，我已經很久沒有見過他了。我對自己的憎恨又增加了一分。

如果你現在問我感受如何，我想說的是：「我以為我厭倦的是別人，其實我厭倦的是自己，前妻只不過是個無辜者。」我真心希望她和孩子都好。

雲，40 歲，民營企業 CEO

我應該是屬於大器晚成的類型。

在創辦現在這家企業之前，我做過外貿專員、房產仲介、培訓老師等多份工作，說得好聽點是經歷豐富，說得不好聽其實就是瞎忙。

當然，因為家裡無法支援我，我靠自己的力量，能夠創辦這麼一家規模不小的公司，也算是很不錯的了。

但因為一直很忙碌，我的情感生活方面一直沒能開花結果。我爸媽每次和我通話，都叨念著說要抱孫子，害得我過年都不敢回家了。

我本身相貌不差，經過多年人生閱歷的洗禮，我的形象氣質至少也算是中等了，加上比較豐厚的經濟條件，很多人都用「鑽石王老五」來形容我，但我還沒有碰到讓我覺得可以和她結婚的女性。除了大學的時候有個談了五年的女朋友算是時間很長之外，其他的女朋友一般一年左右就分手了，有時候更短。如果你問我為什麼，我很想說：「累！」

我非常理解王小川所說的「公司不上市，就不交女朋友」。真的，當你心裡面全是「如何在這個社會上好好立足」、「我要怎樣再拿下一個客戶」這種念頭的時候，你真的很難做到溫柔耐心地對待身邊的人。

很多時候我回家後只想睡覺，但她要我陪她看電影，我硬著頭皮陪，經常是看著看著就睡著了，弄得她很不開心。這種事情多了，漸漸地，感情就受到了影響。

但我的經濟條件越來越好，願意幫我張羅的人也多了。我透過仲介和熟人介紹見過一些相親對象，也與一些女性相處過。

但我發現自己的問題在於，我實在是應付不來那種「矯情」的女生。

我需要的是一個大氣獨立、具有同理心、能獨當一面的伴侶，而不是一個因為過生日忘記買禮物就幾天不理我，沉迷在各種不切實際的愛情幻想中的女孩。

我發現，符合我要求的女性大多是已婚女性，這讓我的選擇範圍越來越窄。

林，32 歲，國營事業中階主管

我從小是在混班制的班級中唸書的，低年級和高年級在同一個教室裡。但就是這種條件，我還是順利考上了區域內最好的一流大學。因為從小做農活，我很勤快，也願意擔責，所以我在公司裡的口碑很好。

我的老婆是官宦之家出身，人長得漂亮，身材也好，性格好，很單純。我是花了很大心思才追到她。我們結婚之後，如我預料，我在公司中很快就平步青雲。

我認為這跟女人找經濟條件好的男人一樣，是人之本能，沒有什麼可恥的。

但令我苦惱的是，隨著職位的上升、工作的忙碌，老婆對於我的信任在逐漸降低。她經常翻看我的手機，甚至和我的朋友聊天。有時候忙於應酬，沒能及時接到她的電話或者回覆她的訊息，然後一回家她就會數落我。

其實我的薪資單已經給她了，只要是有時間都會回家陪孩子，已經是力所能及地在照顧家庭了。但是，我好像離她的期望還是很遙遠。

我知道老婆為整個家庭付出了很多，如果不是她，我這些年事業上不會這麼順利。我曾經向她提過建議，希望她把自己的生活弄得豐富一些，不要一直看著我和孩子。但是沒有用，家好像成了她的戰場，不容許我發表建議。

我去踢球，應酬，或者是回家陪陪父母，她都要給我臉色看。

我知道她心地善良，也關心我，但是現在我一回家，就有一種「坐牢」的感覺。看到我的兒子和妻子抗爭無效的時候，我相信兒子對我也是感同身受的。

我也不知道當年那個自信、喜歡笑的妻子去了哪裡。我好擔心，哪一天我會做出對不起家庭的事情來。

寫給女性的話

聽這些男性吐露心聲的時候，我有一種感覺，男人既不像我們所想的那樣，是傳說中的蓋世英雄，會踩著七彩雲來拯救我們，也不像很多女人口中所說的那樣，是「只會用下半身來思考的動物」。他們選擇伴侶或者是跟伴侶相處的過程，也是一個逐步學習和進步的過程。

他們自我承擔和選擇的意識很強，這點是值得學習的。他們知道自己在社會上和生活上的狀態，是要靠自己去奮鬥，這是沒有退路的。無論是好的工作，還是對自己有所助益的伴侶，都需要靠自己去爭取。

他們和女性一樣，深深地渴望伴侶的理解和幫助。無論是處在什麼狀態中的男性，對於理解和認同的需求都從未停止過。

現代社會，無論是對工作傾注更大心血，還是對家庭關注更多，都不是一個簡單的活，大家普遍地感到焦慮和疲憊。

這個時候，男人會非常希望伴侶之間能夠相互支持，而不是相互指責。好性格的女性，對男性吸引力很大。

他們更願意看到一個快樂輕鬆的妻子，而不是一個充滿抱怨和焦慮的妻子。

男性們經常提到的一句話是「她實在是太喜歡抱怨和指責了」。很多男性都反應，聽著媽媽的嘮叨就已經讓自己夠煩的了，妻子如果也一樣，他們就只能感受到壓力，並且急切想要逃避。

他們更希望，妻子能帶著享受的心生活，願意做家務就做一些，如果不願意，外包或者其他辦法都可以考慮。在育兒問題上，爸爸們普遍認為媽媽們過於焦慮，使自己在家庭事務當中缺乏發言權。

男女之間是夥伴而非敵人，我們在期望男性參與更多家庭事務，更佳關注妻子和孩子的同時，或許也需要多給先生們一些鼓勵和肯定。因為人類對於讚美和看見的需求，是共同的。

如何讓吵架不傷害感情，而是解決問題

文／周勁松

問：

我跟我老公，老是因為一點雞毛蒜皮的事情吵架，比如昨天，我下班一回家，看到老公的鞋子又擺得門口到處都是，就忍不住生氣，開始和他吵架。

我們一吵架，開口就是惡毒的話，彼此都恨不得用最惡毒

的話去罵對方，甚至連帶著罵對方的家人，吵完後又後悔。但是再這麼一直惡性循環下去，我感覺我們的婚姻就維持不下去了，這種情況該怎麼改善呢？

答：

人難免會和別人吵架，因為人都有情緒，無論你多麼理性，有時候難免會與外界發生衝突，帶著情緒發生爭吵。

夫妻之間的爭吵則會多一些，因為雙方關係緊密，生理訴求、物質訴求、心理訴求，甚至精神需求都緊密相關，暴露出來的矛盾也會更多。

夫妻之間的吵架，通常是透過爭吵來表達自己的訴求，希望以此解決兩個人之間的問題。

你們夫妻二人吵架時肯定也抱著同樣的目的，但實際情況是，你們經常為生活小事吵架，致使關係陷入了惡性循環，甚至面臨著關係的破裂。

這是為什麼呢？

我看到你們夫妻之間的相處模式中有暴力溝通的痕跡。

你們兩個人在吵架時，會把眼前的事情演變為情緒發洩，甚至上升到惡毒詛咒，連帶對方的家人也一起罵，變本加厲。不幸福的家庭和婚姻中常見的吵架方式就是這種，時間一久，婚姻生活如同酷刑，最終會走向解體。

我們先來看看什麼是吵架？吵架實際上是在幹什麼？

吵架是人在有情緒的時候講自己的道理，雙方各講各的理。而吵架的實質是為了解決問題。

很多關係好的夫妻也吵架，吵架中也帶有激烈的情緒，不同的是，他們往往能透過對方的情緒表達抓住重點。這個重點不是情緒和態度，而是那個問題，待情緒平復後，他們會努力去尋找問題的解決之道。

從你們夫妻的吵架模式來看，你們兩個人吵架是由某件具體的事情引起，但好像不是朝著解決問題去的，而是更偏於負面情緒的發洩，以否定對方為目的，一言不合就火力全開，兩敗俱傷。

這就是為什麼你們的爭吵不僅不能解決問題，反而讓關係陷入了惡性循環。

那麼如何改善這種狀態呢？

本著「誰難受誰調整」的原則，我們不能指望著老公變成理想的樣子，然後一帆風順地過日子，而是要先從兩個人的差異入手，看看兩個人之間的不一致是來自男女的性別差異，還是性格類型的不同，或者是價值觀不同。

家庭中的諸多瑣事，更多的是共同利益下的殊途同歸。因鞋子亂放這種生活小事而引發衝突，常常是性別差異和性格類型差異導致的。衝突可以因了解和理解而消失。

從這件小事中可以看出，妳有女性的細膩，他有男性的粗獷。從性格上分析，可能妳的性格屬於有規劃，善於整理，喜歡井然有序的類型，而妳的老公屬於做事不受約束，喜歡隨意亂放東西的類型。這是妳們性格上的差異。

再從情緒入手，看看妳自己的情緒從何而來。當妳在日常小事中看到老公不入眼的行為時，妳是如何看待這個行為的？

就拿鞋子亂放這件事來說，相信妳已經告訴過他妳不喜歡他這樣做了。我們都知道，伴侶之間的吵架最終表達的都是渴望關心和獲得注意，讓對方看到自己。妳生氣的原因是妳對他有要求，但他沒做到呢，還是因為他不把妳放在心上，忽視妳，無視妳，跟妳作對呢？

如果是前者，妳需要接納老公亂放鞋子這個事實，在此基礎上跟他進行溝通。妳可以有自己的標準，可以討厭老公做的事，或者老公沒有做到的事，但妳不能要求他必須做好（妳可以尋找方法使老公配合妳），不能把自己的想法強加給老公，更不能因為老公不拘小節亂放鞋子（這是其性格影響下的行為），做了令妳討厭的行為，進而否定他的人格。

如果是後者，妳最好事先跟他澄清一下 —— 他是不是故意氣妳？

通常情況下，在日常小事上，老公跟老婆作對，故意氣老婆的代價比較高，所以可能性不大。退一萬步講，他就是想透過把鞋扔得到處都是來氣妳，那妳去指責他，也只是情緒化的反擊，發洩過後並不能解決問題。

找到一個有效的溝通方式，和老公聊聊彼此的感受，對解決眼前的問題更有建設性。

建議妳使用非暴力溝通的方式來組織自己的語言，先說出觀察到的現象，再說明自己的感受，然後表達自己的需要，最後提出請求。

具體說來就是:當……（具體事情）發生時，我覺得……（自己實際的感受，但是只是感受，不帶觀點，不指責，不討好，不講大道理，不逃避問題，要真實、清晰），我希望……（妳現在希望對方做的事情，越具體越好，不要超過兩個），我相信……（就是對方這樣做了以後，產生正向的結果）。

透過非暴力溝通的邏輯來重新組織語言，就是讓妳的語言結構不再是隨意的、任性的，而是組合成一種平等的、互相尊重的語言。

非暴力溝通方式，是建立在自尊、自信和接納他人的基礎之上的，恰當運用這種溝通方法可以為妳帶來更健康的夫妻關係。

總之，吵架也要講究方法，如果吵架也有核心技術的話，那一定是就事論事，只對事不對人。

如何應對婚姻中感情變淡的危機，重拾幸福

文／龍雙

01

朋友小 A 專門來找我聊天：「親愛的，我可能要離婚了。」我說：「妳老公出軌了？」

她說：「不是。」

我說：「他家暴妳了？」她說也不是。

我說：「那是妳出軌了？妳家暴了？」

她埋怨道：「人家跟你說正事，你只顧瞎扯。」

我說：「妳老公可是出了名的『二十四孝』好老公啊，做飯、洗衣、看孩子，寵妳也寵上天。在我們同學裡，誰不羨慕妳？他又沒有出軌、家暴，妳們怎麼可能離婚嘛！」

她說：「我就是覺得無力，我可能沒自己想得那麼專一。你不知道我每天回家看到他抱著手機看影片，笑得像個花痴一樣，我簡直怒火中燒。一想到他都 40 多歲了還是個辦事員，我就覺得低人一等。晚上躺在床上，看到他發了福的身材我就提不起一點興趣。」

聽到她說的這些細節，我知道她恐怕是要來真的了。

小 A 跟她老公是大學同學，畢業後進了同一家國營事業。工作多年之後，小 A 自己跳出來創業了。她聰明又勤奮，趁著市場

的熱潮，把生意做得越來越好。在生活中，小 A 也是一個對自己要求非常高的人，雖已過不惑，但身材和臉蛋都保持得很好。

而她的老公一直沒什麼追求，還在國營事業裡做著無足輕重的工作，拿著可有可無的薪資。經過這二十多年的社會洗禮，兩人的差距越來越大，共同語言也越來越少了。

02

我說：「那妳想想人家的好。他把妳們家裡打理得井然有序，一點兒不讓妳操心。妳在家裡跟個女王一樣，隨心所欲，有幾個女人有妳這樣的好命。」

她說：「可是我想要的是勢均力敵的愛情，是一個讓我仰望的人。我不想做攀緣的凌霄花，可是我也不想要一個爬山虎啊！尤其是今年，市場大環境不好，我的公司業務萎縮得多，多希望有個人能幫我撐一撐，哪怕是幫我出出主意，商量商量也好。想到一輩子都要跟他在一起，真的好絕望啊！」

小 A 終究還是沒有提出離婚，但是她一直在離婚與不離婚之間糾結，夫妻感情自然好不到哪裡去，家裡的氣氛緊張到一觸即發。

小 A 動不動就衝老公發脾氣，發過之後又覺得後悔。生活就這樣進入了周而復始的死循環。

作為旁觀者，人們可能會譴責小 A 太貪心，可是作為朋友，我也理解她的無奈和掙扎。誰不希望找一個並肩戰鬥、共同成長的伴侶呢？

對調一下性別，小 A 如果是男性，現實生活中的這種案例只怕會更多。老公一路升遷加薪變身成功人士，老婆在家帶小孩熬成黃臉婆，然後上演出軌、離婚的戲碼。

撇開那些「渣男」、「渣女」不談，生活中更多的是像小 A 這種，雙方都抱著美好的願望進入婚姻，一個在社會的風雨裡快速成長，一個在生活的瑣碎裡被淹沒，一個長成了獨當一面的戰士，一個變成了退居二線的勤務兵。於是兩個無話不說的人變成夏蟲不可語冰，變成雞同鴨講，變成無話可說。

作為凡人的我們，在婚姻中該如何避免這樣的事情呢？

1. 先認清自我需求，再尋找理想伴侶

要先清楚自己是什麼樣的人，想要過什麼樣的生活，尋找伴侶的時候就朝這個方向去努力。

小 A 在學生時代就一直好勝，凡事都要求自己做到最好，每年的獎學金名單裡必定有她。而她的老公則「佛系」得多，英語分級考試還是在小 A 的嚴格督促和輔導下才勉勉強強過的。

從一開始，其實小 A 對伴侶的要求就不是這樣的，但那時的小 A 被感覺衝昏了頭腦，憑著一股愛意毅然決然地走進了婚姻。她從來沒有了解過自己的需求，從來沒有看清婚姻的本質，所以，如今她才陷入了兩難的境地。

了解自己其實是最難的，有些人終其一生都在探索自己。有幾個方法可以借鑑。

(1) 第一種方法是自我覺察。就是透過自我觀察認識自己，可以有意識地透過冥想、寫日記等方式記錄自己的所思所想，更深入地剖析自我。
(2) 第二種是透過他人了解自己。我們可以跟朋友、師長多交流，了解他們眼中的自己，多角度地觀察自己。
(3) 第三種是透過專業管道了解自己，比如多閱讀一些心理學方面的文章和書籍，或者做一些專業的測試，用專業知識幫助自己做判斷。找到自己最需要的是什麼，以及最不能接受的是什麼，謀定而後動。

人的本性是很難改變的，婚前得過且過的人，不可能婚後就自強不息了，生孩子之前隨遇而安的人，也難以在有孩子之後就力求上進了。

如果自己最在乎的是共同成長，奮發圖強，就不要去找安於現狀的人。鴻鵠和燕雀沒有誰對誰錯，找到適合自己的才是最好的。

2. 看到伴侶的優點，全面而辯證地看待伴侶，不要貪心

當年我還問過小 A，看中了自己老公的哪一點，她說他脾氣好，不管她怎麼任性，發脾氣，他都能包容她。時至今日，她老公的這個優點還在，小 A 卻已經將其當成理所當然，而非優勢了。

金無足赤，人無完人。隔壁老王事業有成，風度翩翩，也許私下裡家暴、出軌；鄰居老張家境殷實、出手闊綽，也許在家蠻橫專斷；同事小李踏實上進、體貼周到，也許在金錢上吝嗇小氣。

所以，請記住伴侶的優點，記住當初讓妳深愛並決定與之共度一生的那一點。

要享受他的好，就要承受他的不好。不能既享受了優渥的生活，還要求長久的陪伴；既貪圖了花樣的美色，還要有趣的靈魂；既享用了他的討好，還要求他有骨氣。

想一想，如果他那麼完美，妳用什麼來匹配他呢？

3. 積極尋找挽救婚姻的方法

婚姻就是兩個人合夥開公司，感情是最大的投資，孩子是最重要的產品。千萬不要等產品製造出來了再來考慮兩個人合不合適的問題。生孩子之前千萬要考慮清楚，戀愛可以分，錢可以賺，婚可以離，但孩子不能塞回去啊！

也有很多人是在生完孩子之後才發現問題的：他怎麼不帶孩子？婆媳有矛盾時他怎麼只站在他媽那邊？跟兄弟喝酒怎麼比陪老婆孩子還重要？這種時候有點晚了，但還可以挽救。挽救的方法就是馬上去解決。

世界上的事情，拖是永遠也拖不好的。

千萬不要等到感情耗盡，失望滿盈，婚姻只剩柴米油鹽再去解決。我們永遠也回不到最初的心境，趁著事情剛有苗頭，一定要把它扼殺在搖籃之中。

自己找伴侶溝通、求助親友、做婚姻諮商，都是可以選擇的方法。與其坐以待斃，不如主動出擊。

我也建議小 A 去做專業的婚姻諮商，她跟老公的感情基礎很好，也沒有原則性的問題。這種類型的婚姻問題，在專業諮商師的幫助下，經常能夠得到很好的改善。

4. 多方努力之後如果還是覺得不合適，請及時止損

分手或者離婚不是追流行，只是我們多番努力無果之後的一個選擇。就像炒股時遇上熊市，及時止損一定好過一直沉沒。

人生說短也短，說長也長。未來數十年陪伴你的那個人，如果你看著就難受，想起來就堵心，躺在旁邊也毫無「性」致。那才真的是委屈了自己，也冤枉了別人。不如好聚好散，放各自一條生路。

03

至近至遠東西，至親至疏夫妻。

有多少夫妻在婚姻的圍牆裡變成了最熟悉的陌生人，又有多少夫妻感情沉沒在生活的瑣碎裡。

曾經的我們都明媚過，深愛過，身邊這個人也曾是我們發誓要共度一生，相濡以沫，悲喜與共的那個人。

如果他（她）累了，就歇一歇，如果他（她）走不動了，就拉一把，如果他（她）慢了，就等一等。

世界上沒有永遠步調一致的兩個人，我們唯一能做的就是：珍惜眼前人！

突然對另一半死心，女人如何選擇才能獲得幸福

文／當真

突然對另一半死心了，決定離開他，是一種什麼樣的感覺？有個獲得高讚數的回答這樣說：「那一刻，沒有恨，沒有愛，沒有大哭大鬧，沒有肝腸寸斷，不再顧慮很多，拒絕一切藉口，只剩下心如死灰的平靜。」妳又是因為什麼事情對伴侶死心的呢？

另一個獲得高讚數的回答這樣說：「或許是他沒有接聽我的電話，或許是他打了我一個耳光，或許是他晚起了三分鐘。總之是失望累積得越來越多，於是那件事便成了壓死駱駝的最後一根稻草。」

關於人與人之間的交往，主持人蔡康永曾做過一個比喻，他說：「人與人之間有一個情感帳戶，每次讓對方開心，存款就多一點，每次讓對方難過，存款就少一些。」

如此看來，當失望越來越多，情感帳戶裡的存款越來越少，兩個人的情感也就走到盡頭了。

01

@ 文文「原諒了出軌上癮的他兩次，這次我真的放棄了」

我和老公結婚七年，其中他有兩次婚外情，我都選擇了原諒。在我們新婚第二年，老公頻繁出差，被我察覺到異樣，隨後我便在他還沒來得及刪除的手機相簿和聊天介面中發現了他出軌的真相。

考慮到我當時處於懷孕中，擔心孩子一出生就沒有了完整的家，再加上我對他還有著很深的感情，便匆匆地原諒了他。

回歸的他和我的感情回溫沒有兩年，他又一次出軌被我發現了。我真的很疑惑，我們的感情明明很好，是什麼讓他一次又一次選擇對婚姻不忠？

他說他壓力太大，總是想給我和孩子更好的生活，但是發現自己不爭氣，就一次次在別人身上找存在感。聽了這個理由，心軟的我又一次選擇原諒。

終於在他出軌被抓到的第三次，我提出了離婚。原來男人的出軌真的只有零次和無數次之分。

我不再有執念，我承認我失敗了，終究沒能留住婚姻。辦理離婚時我的內心平靜得如同一潭死水。

@ 師越「一件 1,000 塊錢的衣服讓我選擇離婚」

我和老公結婚 12 年，他說過，我是唯一一個讓他想要回家的女人，因為我善良、好看又會過日子，和我生活一定會很幸福。

我承認這麼多年來，我一直被他這些所謂誇讚我的話洗腦，也一直努力做一個「勤儉持家」的好女人。我不買衣服，也不買包，一件像樣的護膚品都沒有，算計著吃喝，給孩子和老公最好的，然而大家都說我配不上他。

其實，哪有女人不愛美，只不過是捨不得花錢罷了。但是老公只會讓我省錢，卻從來不在自己身上節儉，穿好的、吃好的、用好的，我心裡也多多少少有些不平衡，但也不想和他計較，畢竟是我願意對他好。

但是去年我過生日時，和朋友去逛街試了一件 1,000 多塊的衣服，朋友說衣服很好看，我就買回家了。結果老公對我好一頓埋怨，說我不會過日子，就是為了要面子。

事情過去了好久，他還一直拿這件衣服來說嘴，最後我終於爆發了，也認清了他不愛我的事實。

@ 美子「到底是我變了，還是他變了？」

我和老公戀愛七年、結婚五年，他曾為了我放棄了出國深造的機會，我也為了他隻身一人來到了遙遠的城市。

我們是朋友眼中的最佳情侶，是他們羨慕的模範夫妻。但是一個人若對婚姻有太多的希望，隨之而來的也會有更多的失望。

婚後我們的相處模式發生了翻天覆地的變化，他對我也失去了原有的耐心。我的撒嬌在他眼裡是胡鬧；我想找他去逛街，他說老夫老妻的算了吧；我想和他談談心，他說自己沒什麼好說的。三番幾次下來，我一度以為他有了第三者了，但事實並非這樣。

而我也在無數個夜深人靜的夜晚，不停地反問自己：是不是我的要求變高了？是不是我一直在逼迫他？但每每回憶湧上心頭，我都會很難過，因為的確是他變了，變得不再愛我了，那份愛情也沒有了。

上次在他拒絕和我親熱後，我確定了自己的想法，也徹底死心了，不想再掙扎了。

@ 七七「我敗給了婆婆，一點都不意外」

我的婚姻在維持了 20 年後，因為婆婆離婚了。說來也搞笑，我堅持了 20 年，最終還是敗給了那個女人。

我們的婆媳關係始終緊張，但是因為老公的爸爸去世早，婆婆只能和我們一起生活。為了保持家庭生活的幸福和諧，我選擇了一份很忙碌的工作，盡量減少在家和婆婆相處的時間，而且賺的錢大部分都交給她。

但是我即便做得再好，也無法感動打心眼裡認為我搶走了她兒子的婆婆。三天兩頭，婆婆都會跟她兒子告我的狀。我也不想老公為難，每次都認錯，不做多餘的解釋。

但是不久前，她竟然跟老公說我出軌了，還說是她親眼看到的。我真的覺得可笑之極，我的身邊都沒有男性同事和朋友，我出軌了誰？

我始終搞不懂她挑撥我和老公關係的目的是什麼？是為了讓孫子沒有媽媽，還是為了讓兒子失去太太？

更讓我驚訝的是，老公竟然相信了她的話，甚至要和我離婚，還在吵架時說早就忍夠我了，說我討厭他全家，瞧不起他和他媽媽。我被婆婆怎麼誤會都可以，但是老公這樣對我，我真的無法忍受。20 年的婚姻，在婆婆的挑撥下結束了。

02

很多女人都希望自己永遠被另一半當成小公主來寵愛和嬌慣，但她們猜錯了形勢，以為自己可以永遠站在這樣的位置上，從被追求時的那份熱烈和殷勤中去判斷對方的誠意。

後來，她們也不得不在現實中學會了自我安慰和堅強，對男人的要求也越來越少。可是漸漸地，她們發現，可能愛早已消失不見，心死時刻卻越來越多。

男人婚後總是和婚前有著很大的差距，這到底是為什麼呢？

1. 成熟度低，責任感差

很多男人在面對感情時都是幼稚的，他們的心理年齡甚至低於實際年齡的一半。

頻繁出軌的文文老公用找不到存在感這樣的藉口，一次次求得文文的原諒，但其實他的出軌就是禁不住外面花花世界的誘惑，完全是不成熟，對婚姻沒有責任感的表現。

而師越的老公更是如此，他用封建傳統思想來定義新時代的女性。於他而言，妻子是家裡的「保母」，而非自己的伴侶。他對待感情的心理是畸形的，可以說他從來就沒有認清過婚姻。

2. 男女思維差異

男人和女人把感情放到了不同的位置上。

男人攻下了一個「堡壘」後，就會覺得事情已經告一段落，剩下的只需要順理成章地相處就好。而女人的熱情，則是從被攻下的那一刻開始的。

因此，美子會一而再再而三地認為老公變了，儘管婚前她們的那份愛那麼炙熱，也都為彼此放棄了大好的機會，但婚後隨著情感需求的變化，他們開始越走越遠，越來越疏離。

3. 華人男性的情感特點

華人傳統文化中對男性情感的要求是內斂而含蓄的，他們在成長的過程中可能並沒有從父母那裡學會如何去表達愛、接受愛和感知愛，因此他們也不懂得如何讓愛流動。

他們不僅不善於表達自己的情感，而且思維也非常受限 —— 父母至上，和父母相處不好的伴侶我想就不適合我。

所以，結婚 20 年的七七最終沒能逃離婆媳矛盾，也沒有贏得老公的信任，而老公的那句「我早就受夠妳了」，歸根結柢來自他面對感情的愚鈍，以至於讓誤會加深，讓矛盾加劇。

03

不論是男人不夠成熟，還是他們的責任心太差，不論是他們和女人的思維差異太大，還是男女的情感特點不同，總之，在一段感情裡，女人會心死、會放棄，原因只有一個 —— 就是她們發現了。對於不懂珍惜的人，再多的原諒和堅持，都只能讓自己如提線木偶一般被操縱。

而她們最終決定不再原諒，也一定是累積了太多太久的無力和失望。

女人在面對男人的錯誤時，大多情況下都會選擇懲罰自己，讓自己身陷痛苦之中，而放過了那個犯了錯誤而不自知的男人。

但其實，男人應該為自己的錯誤買單，女人不該因此而痛苦。所以在面對失望時，女人有兩種選擇，需要我們冷靜思考。

1. 找出關係失衡的原因，處理婚姻危機

親密關係中，男女之間付出的不平衡會直接導致關係失衡。之前老公對自己百般包容，漸漸地，他開始不再寵著我、慣著我，這些現象的原因到底是什麼？是生活壓力與日俱增，還是激情減少後的變化？

我們要把每一次失望當作發現問題的機會，去觀察，去溝通，去主動改善，重新獲得戀愛熱情。

給男人一次機會，也給自己一次機會。

2. 聰明女人應該學會及時止損

但不是所有的失望都有動力變為希望。比如面對頻繁出軌的男人，妻子們每一次的原諒和不甘，都只能讓自己在雜草叢生的泥潭裡越陷越深。

人生最大的遺憾，莫過於放棄了不該放棄的，堅持了不該堅持的。

聰明女人應該學會及時止損。不要像七七那樣，浪費了 20 年才看清一個男人，放下執念。不再卑微，不再委屈自己，才是明智之舉。

女人，離開那些即使喜歡，卻不懂珍惜的人，是值得慶幸的事。人生短短數十載，最要緊的是滿足自己，不是討好他人。

在親密關係中，妳不能控制一個人，也不能改變一個人，每個人能改變的只有自己。

讓自己變得強大，妳會發現，妳想要的、妳失去的，都換了另一種方式重新回到妳身邊。

再婚，如何處理好夫妻關係

文／張礫勻

問：

我五年前離婚，帶著兒子再婚，現在的丈夫有一個上大學的女兒，不常在家。整體來說，丈夫對我很好，對我兒子也很好。

我現在很怕過年，一是因為離婚時前夫不要孩子，但現在一過年，孩子的爺爺奶奶就會打電話來要求我把兒子送到他們家去過年，說他們想孫子。可是前夫自己不打電話，就好像心裡沒有這個兒子。這讓我很難受，也很氣憤。

二是因為每到過年時，我看到丈夫那種渴望女兒回來過年的急切樣子，心裡就不舒服。而且丈夫有一家公司，今年剛替女兒買了一幢別墅。結婚四年多了，他到底有多少錢，我一直不清楚。

所以，每到過年，我都比較心煩，所以我想問老師，再婚家庭在過年時應該怎樣過，才能過好啊？

答：

我先問大家兩個問題。

(1) 妳們覺得在一個家庭裡，夫妻關係重要還是親子關係重要？

(2) 再婚家庭和原配家庭裡的關係順位一樣嗎？請大家思考一下，說出你的答案來。

老師的答案是：在原配家庭裡，夫妻關係重於親子關係；但在再婚家庭中，往往是一方跟前任孩子的關係要重於現在的夫妻關係。為什麼呢？因為一個家庭或者家族想要成員和諧共處，家庭長久發展，需要遵守三個原則。

第一個原則是位置，又稱歸屬感，就是每個成員具有歸屬於一個家庭的位置。

第二個原則是付出與獲得的平衡。

第三個原則是秩序，這是保證一個家庭和諧共處長久發展的規則。

我們用這三個原則來分析一下，再婚家庭及單親家庭該怎麼處理關係，大家心裡才能舒服。

第一個原則是位置，即歸屬感。

這在再婚家庭中有兩種情況。

第一種情況，如果再婚雙方都沒有孩子，他們的重組家庭則是以夫妻關係為重。

要注意，雙方都不要再把前任拉入現在的家庭中，不要把前任跟現任做比較，否則就會破壞現在的家庭關係。因為前任在現在的家庭裡不再有位置，而將其與現任做比較就是給了他位置，三個人或者四個人的日子是過不好的。

這也是很多再婚人士容易犯的錯誤。這說明他總活在過去，不接納自己做出的選擇，也說明這個人的心智不夠成熟。

第二種情況，如果一方或者雙方在之前的婚姻中有孩子，無論孩子是否跟著自己生活，在現在的家庭裡都會有位置。這個意思是，父母需要盡他們該盡的義務和責任，現任不得阻撓。如果阻撓，會導致夫妻雙方失和，破壞感情，甚至導致家庭破裂。

第二個原則是付出與獲得的平衡。

在所有的家庭關係裡，只有親生父母對親生子女的付出不求回報或者不能強要回報，如果強求，就容易破壞親子關係。

比如，現在大家想像一下，你的爸爸媽媽站在你的面前，對你說：「爸爸媽媽生你養你不容易，以後你必須為我們養老送終。」你有什麼感受？有沒有壓力？如果你跟父母關係不好，除了壓力可能還會有憤怒感，對嗎？

因為孩子長大之後贍養父母是天經地義的事，大多時候父母不說，孩子們也會去做。但是，如果父母總是強調回報，反而會給子女壓力，甚至會破壞親子關係。

但在再婚家庭裡，我們對對方的孩子是沒有撫養義務的，只是幫助另一半撫養他的孩子，所以付出是需要回報的。

需要誰的回報？需要另一半的回報。

如果另一半認為你理所當然地應該撫養他的孩子，你的心裡就會產生不平衡的感覺，就會有情緒。這份不平衡感和情緒如果沒有被另一半看到，就會破壞你們之間的夫妻感情。

在這裡，老師有一個提議：再婚家庭中，如果你的孩子還小，可以讓孩子稱呼對方「爸爸」或者「媽媽」；如果孩子年齡大了，就要聽孩子的，可以允許孩子不稱呼對方「爸爸」或者「媽媽」。這樣有利於彼此之間自然相處。

第三個原則是秩序。

在再婚家庭裡，有兩個秩序需要遵守。

一個是先來後到的秩序。即在家庭裡後到的家庭成員要對先來的家庭成員有一份尊重，同時先來的成員具有優先權。

在再婚家庭中，如果一方本來有孩子，孩子就是先到的，在另一半的心裡，孩子比你具有優先權。所以如果你們要生活在一個家庭裡，你就不要跟孩子爭位置，一般也爭不贏。而是要幫助另一半好好地照顧他的孩子，甚至適度地相讓，這樣另一半的心反而會傾向於你。

有的朋友會問我，那我要不要教育他的孩子？這是由你們雙方商議來決定的，是需要經過另一半許可的。即使你有了對孩子的教育權，你也要多和另一半溝通，多詢問他的意見，否則容易引起夫妻間一些誤會。

第二個秩序是新家庭比舊家庭具有優先生存權。即照顧再婚前的孩子是我們的義務，但不能因為照顧孩子而忽略了另一半，忽略了對現在家庭的經營，否則會破壞夫妻關係和現在的家庭。

那具體要怎麼做？

(1) 策略上，你要把孩子和現任打從內心看作一家人。
(2) 態度和行為上，你要把絕大部分精力放到經營現在的家庭上。
(3) 戰術上，如果孩子的需求跟現在的家庭有衝突，在不破壞家庭的前提下，優先考慮孩子的需要。

上面就是關於在再婚家庭中處理好關係的要點，希望對大家有所幫助。

第三章

婚姻困境：
有所突破，才能絕地重生

「獨角戲婚姻」：如何解決婚姻中對方的忽視和缺席

文／江垚

01

幸福的婚姻模式總是大體相似的，但不幸的婚姻卻各有各的不幸。

當面臨婚姻危機時，我們免不了去分析原因，也或多或少能找到些緣由，比如「相處太久無話可說」、「我在成長他在停滯」、「上一代長輩介入太多」，又或者是「另一半出軌了」，這樣一個簡單明瞭的理由。

然而有一種婚姻危機，卻總被掩蓋粉飾，甚至會被認為是一種「假」和「矯情」的表現，那就是 —— 我需要你的時候，你不在。我把這種婚姻稱之為「獨角戲婚姻」。

我接觸過一個案例，就是這種婚姻模式。

當事人可以暫且稱她為小 A，她與前夫在大學時相愛，都是彼此的初戀。

前夫是小 A 主動追求的，他是個性格很溫暾靦腆的人，看起來有點內向，人很溫柔，感覺是一個很好相處的人。事實證明，小 A 這樣直接的個性確實和他很互補，幾乎沒有什麼難度，小 A 就追到了。相戀四年，畢業後兩人步入婚姻，一切都順理成章。

問題出現在婚後。

當時兩人剛畢業進入職場，需要一段適應期，又面臨婚後買房的壓力。小 A 前夫溫和的性格在學校中或許很受歡迎，但一進入職場，馬上就遇到了問題。

工作壓力、同事相處、上司溝通……所有問題都可能成為他的壓力來源，而不善表達的他，又時常把情緒壓在心裡，不告訴小 A。

所有的問題在婚後第三年集中爆發了。那年小 A 懷孕了，這本來是一件值得高興的事，但因為不在計畫裡，讓小 A 的前夫又感受到了新的壓力。

小 A 懷孕期間，情緒波動大，希望有丈夫的陪伴。但那個階段剛好是丈夫的職場升遷期，他不僅無法陪同小 A 一起產檢，平時回家的時間也越來越晚。

小 A 想拍一套孕婦寫真，他覺得太麻煩，勉為其難在網路上訂了個攝影工作室，結果自己還是因為要加班，沒有陪小 A 去，最後照片中只有大著肚子的小 A 一人，還有零星幾張小 A 媽媽陪伴的照片。

一件件一樁樁的小事，累積起來就是壓垮婚姻的「稻草」。

孩子出生後，顯然前夫還沒有做好當父親的準備，他是愛孩子的，然而無法用行動表達出來。

孩子平時的照顧，全都是小 A 和小 A 媽媽在負責。前夫跳槽後開始不定期地出差，對於這個家的參與度也越來越低。

小 A 個性直白，原本是喜歡及時溝通、及時化解矛盾的，但遇到一個這樣的「悶葫蘆 + 軟柿子」，自己的一腔熱情也被迫硬生生地吞回去了。

她想找機會和前夫溝通，想把委屈好好宣洩一下，但前夫的應對方式就是逃避、轉移，或者是長時間的沉默。

原本應該是兩個人的主場，變成了單人的「獨角戲」，這齣婚姻大戲在第七個年頭終於再也唱不下去了。

離婚是小 A 提出來的，前夫一貫的態度就是拖著、躲著、不面對。離完婚後，一切都塵埃落定了，前夫才和小 A 說了實話。

當年大學時期的他其實是自卑的。他雖然長相中上，卻從沒有真正接觸過女生，所以當時小 A 追他時，他糊裡糊塗地就接受了。

結婚後，面對家庭和工作的雙重壓力，他感覺自己完全沒有能力同時面對，此時小 A 對他的情感需求，他根本滿足不了。

孩子出生後，他對自己突然到來的父親角色感到茫然，對於小 A 的那些情緒表達，更不知如何面對，只想著逃避。

小 A 說她聽到前夫的這些話時，受到的衝擊不亞於知道對方出軌。原來自己以為的純情初戀，在對方看來，不過是年少無知；自己一心一意付出的感情，於對方而言，都是不得不面對的壓力。

02

為什麼很多女性會發現在婚姻中，經常是自己一人在唱「獨角戲」，而另一半往往是缺席的呢？

1. 女性對情緒的天然敏感 VS 男性對情緒的天然抗拒

《男人來自火星，女人來自金星》中對於男女的不同之處做了比較詳細的闡述，雖說很多結論在目前來看，還缺少足夠的研究及大數據支持，但是不得不說，男女在認知思維的很多層面上都存在著很大的差異。

女性相對於男性來說更容易焦慮，也更容易明確地感受到這種焦慮感。

一方面是生理原因，另一方面也源自社會環境與家庭教育的影響。

在很多家庭中，父母對待男孩和女孩的養育方式從一開始就做出了區分。比如，有研究顯示，和男嬰相處時，母親會花更多時間看著男嬰獨自玩耍；而和女嬰相處時，母親則會花更多時間擁抱女嬰。

這種不同的教養方式，讓男女從小在感知他人情緒上就存在差異：女性更容易感知自己和他人的情緒，她們或許更容易焦慮，但也更容易明確地說出這種感受，以尋求幫助；而男性則相反，他們往往不能很快地感知到自己和他人的情緒，也更難表達出來。

在婚姻中，女性經常有著更強烈的情緒和情感訴求，但男性常常處在狀況之外。當我們抱怨「為什麼他總是看不到我生氣了」、「為什麼我最無助的時候他總是不在」這些事情時，或許對於男性來說，他們只是沒有把心思放在觀察妳的情緒上。

2. 男女雙方對空間感的不同理解

之前，在某綜藝節目中，一對夫妻「分房睡」的事情引來了熱議。

影片中兩人的日常可以說非常甜蜜，男方像極了很多女性口中的模範老公，每晚睡前都為老婆按摩捶腿，也主動分擔照顧孩子的責任。但即使是在節目錄製的過程中，他每天也是照例為孩子講完睡前故事、替老婆捶完腿後，就留下老婆一人在房中，自己上樓睡覺了。

很多人不理解這種「分房睡」的模式，而老婆則淡定地說，兩人婚後四年一直都分房睡：「我在二樓，他在三樓。」

隨後她解釋了這樣做的原因：一是老公打呼，自己容易被他吵醒，二是老公是她的經紀人，兩人經常二十四小時在一起，晚上分開睡也是給彼此一些私人空間，反而能促進感情。

在傳統觀念裡，分房就等於分居，會影響夫妻感情。但是對於現在很多觀念比較開放且條件允許的夫妻而言，「分房睡」倒不失為一種和諧的夫妻相處模式。

不管你承不承認，男女在空間的感知上是存在差異的。女性對於空間的覺知是發散式的，而男性則是聚焦式的。

這反應在婚姻關係裡就變成了：女性會將所有的相處泛化為「陪伴」的需求，而男性則將物理空間上的相處明確界定為陪伴，並且物理空間的相處對他們而言，也不是時刻必需的。

所以在「分房睡」的模式中，男性感受到的更多的是有張有弛的陪伴關係，會覺得自我的空間得到了尊重，女性此時如果也剛好能理解這種模式，那對雙方都有幫助。

但對於發散式空間覺知的女性來說，她們往往會把「他不在」、「他沒回訊息」、「他迴避了這個問題」等理解為「他沒陪我」、「他不在乎我」，甚至「他不愛我了」。

以上兩點並不是在為男性的缺席開脫，而正是想透過分析男女的差異，來說明有些時候「獨角戲」的婚姻模式，並沒有走到無法挽回的地步。真正讓婚姻一步步走向解體的，並不在於缺席本身，而是面對這個問題時，雙方有沒有意識到問題的根本，以及找到合理的解決辦法。

小 A 的婚姻其實原本有挽回的可能，而她卻是在離婚後才意識到去尋找婚姻問題的根本原因，此時她與曾經深愛的那個人，已經成了陌生人了，他即使有千般不是，也無可挑惕與糾正了。

如果你也正處在「獨角戲」的婚姻中，不要灰心喪氣地急著退出，不妨想一想，如何讓婚姻這場戲變成兩人同臺，琴瑟和鳴。

吵架後，老公總是拒絕溝通怎麼辦

文／范俊娟

問：

我老公的脾氣看著很好，一犯錯就認錯，不管妳怎麼說他都不反駁。但其實，他是在完全拒絕跟我溝通，我說什麼他都逃避。該怎麼辦呀？這樣我好累。

答：

妳說他一犯錯就認錯，誰來定義什麼是對，什麼是錯呢？又是根據什麼來定義對和錯？

例如，孩子晚上想玩遊戲，父母說你快去洗澡，孩子說好，但是卻不行動，還是想玩遊戲，父母就急了，說你都答應了，為什麼還不去？

孩子認錯說，我錯了，我馬上去。

過了一會兒，父母發現孩子還在玩遊戲，就罵孩子，說你為什麼還不去？

孩子又認錯，但就是不動彈，依然在玩遊戲，拒絕回答父母的問題。

最後，父母生氣了，把孩子的遊戲機扔掉，命令孩子馬上去洗澡。孩子也生氣了，雖然洗了澡，但是拒絕跟父母說話。

從這個故事裡，你看出了什麼？

父母讓孩子去洗澡，是為了滿足自己對孩子的擔心，希望能夠照顧孩子的身體健康和衛生安全；孩子想玩遊戲，是為了滿足自己開心玩耍的需要。

角度不同，滿足的需求不同，這裡的對錯誰來定義？誰掌控了關係中的權力主導地位，就由誰來定義。

在這個故事裡掌握主導權的是父母，因為很多時候父母跟孩子的關係總是不平等的，父母掌握了決定權。孩子的需要要依從父母的需求，當兩者發生衝突的時候，父母就會下定義 —— 孩子犯錯了。

同樣的道理，推導到你們的關係中呢？

你一邊掌握著關係的決策權，就像父母對孩子，老闆對員工，你來定義什麼是對的，什麼是錯的。

於是，當你們各自的需要發生衝突的時候，他要怎麼辦呢？他就會表面上妥協、認錯，外表看上去屈服於你，內心卻並不認同，也不改正。就像那個明明嘴裡答應著，身體卻不為所動的孩子。

如果你期待他能反駁你，跟你敞開心扉地交流，就要做好放棄自己掌握決定權的準備。有時候你認為對的未必可以執行，甚至要妥協將就。

你選了等級制的關係，作為關係對錯的決定者，就要承受他對你封閉內心的真實感受，不跟你講真話的結果。

如果你選擇了平等的關係，就要讓渡出關係的決定權。那樣，有時候事情可能不會往你想要的方向發展，甚至你要做一些自己不喜歡的決定，或者違背自己意願的選擇。

你原本認為對或者錯的事情，可能會行不通，你們關係中的規則會轉變成，到底要你妥協來滿足我，還是要我妥協來滿足你？就像一個愛吃辣的丈夫，和一個不愛吃辣的妻子，每次丈夫做菜時都默默地不放辣椒，因為知道老婆不吃辣，偶爾一次失手了，放了辣椒，老婆發現之後就很生氣，覺得你明知道我不愛吃辣，為什麼還要放？你是不是不把我放心上了，不在乎我了？

丈夫馬上覺得自己犯錯了，自己確實沒有以前做得好了，但是內心又委屈又壓抑，覺得為什麼自己這麼多年來，都不能痛痛快快地吃一次辣？

婚姻裡的妥協，是你可以為我放棄吃辣，我也可以為你學著吃辣，而不是單方面的遷就。

經營婚姻有時候要用心，而不單單是用嘴，心開啟了，嘴巴才會放鬆。

雖說夫妻兩個人沒有溝通是不行的，但是溝通也不是萬能的，行動才是根本。

婚姻裡的互動就像打乒乓球，你發球的姿態變了，他接球的姿態也會變。

先從改變自己的行動開始，你變了，對方也就變了。

處理好婆媳關係，務必注意這三個關鍵點

文／當真

愛情是兩個人的故事，婚姻是一家人的相處

前天晚上我接到好友的電話，她又是悲傷又是憤怒地跟我抱怨老公、吐槽婆婆，原因便是和婆婆一起生活的那些事。

原本她和婆婆並沒有住在一起，只是一個月前婆婆來看望他們時因為疫情而暫留家中。這一留，她和婆婆之前在彼此心中的完美形象就全都被打破了。這已經是她們住在一起後，我第三次接到好友崩潰的電話了。

以前，好友經常跟我吹噓「我婆婆可好了，和別人家的婆婆一點也不一樣」。事實也是如此，她們的婆媳關係很好。

所有節日她和老公都會回家，會給婆婆帶禮物，婆婆也會準備豐盛的晚餐招待他們。再加上好友的撒嬌技術總是能哄得婆婆眉開眼笑，老公也開心，一家人相處得非常愉快。

但自從和婆婆住在一起之後，她和老公的生活習慣、作息習慣全部被打亂了……她漸漸地開始厭煩自己的婆婆，婆婆也開始挑起她的毛病。甚至有時她會覺得，自己在家裡一點也不自在。

都說婚姻是對愛情的終極考驗，因為愛情是兩個人的故事，而婚姻卻是一家人的相處。

一個個和婆婆生活在一起的女人也在用親身經歷告訴我們，面對婆媳關係，那真的是「遠香近臭」。

和婆婆一起生活，有人不想回家，有人不想出門

@ 南南，37 歲，和婆婆生活 5 年

五年前，因為公公去世，我和老公把婆婆接回了家。自從婆婆來了之後，我們每天出門前都能吃到熱乎乎的粥，下班回家就有準備好的晚餐，甚至連衣服婆婆都會幫忙洗乾淨。週末我們也會一起去散步、逛街，生活上的小不同和小插曲我們也會相互包容、化解。

直到我生了兒子，一切的和諧都被打破了。

孩子剛出生時，我們在如何照顧孩子上就產生了巨大的分歧。婆婆總是抱著孩子，而我認為剛出生的寶寶脊椎骨還沒有長好，不應該經常抱著。但婆婆曲解了我的意思，認為是我不讓她接近自己的孫子。

孩子四歲了，婆婆還堅持餵飯，覺得這是自己對大孫子的寵愛。可這讓孩子養成了很不好的習慣，他在幼稚園裡根本不會自己好好吃飯。但我一說，婆婆就生氣，她還時不時會去和親戚抱怨。

最可怕的是，我的老公對孩子一點都不用心。或許是因為家裡有兩個女人圍著孩子轉，平時照顧孩子他根本不插手，別

說幫孩子換尿布了，從兒子出生開始，他幾乎就沒怎麼抱過兒子，說自己不會。

再這樣下去，我真擔心他會錯過兒子的成長。我也因為這些零七八碎的事情，經常跟他抱怨，這也導致我們現在的溝通越來越少了。

上班本來就累，下班回家後又是這一幕幕令我生氣和失望的場景，我真的是不想回家了。

@ 小穗，34 歲，和婆婆生活 8 年

我有一個強勢的婆婆，必須事事如她的意，然而我也是一個強勢的兒媳，偏偏不能隨她的心。這八年裡，我們每天過得都像是在抗戰。

婆婆的強勢展現在各個方面。老公儘管現在都快 40 歲了，但只要哪天的衣服穿得沒有隨她的心意，她都會讓老公再去換一件。而我也會直接表達我的想法：「這件衣服很好看，不用換。」這樣儘管我知道老公夾在我們中間很為難，但是我就是看不慣，他一個 40 歲的男人，還被媽媽插手穿衣服的問題。家裡的財政大權也是一樣，由我婆婆管錢。

我不是一個對金錢有慾望的女人，但每當家裡需要添置大件物品，我還必須向婆婆伸手要錢時，我就有「錢並不是我賺的」那種感覺。我三番幾次和老公討論這個問題未果，老公認為把錢交給婆婆管理，婆婆會有安全感，但他一點也沒考慮過我的需求和感受。別說過節送我禮物了，我真不知道我老公口袋裡的錢夠不夠買袋米。

當遇上強勢婆婆的時候，我開始懷疑自己是不是找了個「媽寶男」。我們在一起也生活了快十年，這些年裡，我每天都要看婆婆臉色。好在我也不是什麼軟柿子，不然真不知道該怎麼生活下去。

現在的我，不只是不想回家，甚至，開始想逃離。

@晴天，29歲，和婆婆生活3年

婚後我才發現，原來我是老公跟我婆婆之間的「第三者」。和婆婆生活了快三年了，我和老公的關係越來越淡。

起初，我和老公經常在客廳裡打鬧，說些甜言蜜語。但婆婆只要一看到，臉色立刻就不好了，甚至會直接摔門而去。久而久之，我和老公開始注意，不會在婆婆面前打情罵俏，我甚至產生一種自己在和老公「偷情」的感覺。

後來，更讓我感到疑惑的是，婆婆經常在很晚的時候把老公叫到她的房間裡陪她聊天，每週末也要老公陪她去七大姑八大姨家串門，還要去公園散步。

而在家裡時，她多數時間都看我不順眼，對待我和老公極其「雙標」。老公週末睡懶覺，就是工作累需要休息；而我週末起得晚了一點，就是不會照顧人，連飯都不去做。

我剛開始的時候覺得，婆婆可能是有一種被我搶了兒子的感覺，以至於對我產生敵意，她只是剛開始不適應，慢慢會變好。但是，我們相處了三年了，她對我的敵意越來越深，我和老公的相處時間也越來越少。

我真不知道未來的日子該怎麼過下去，她不喜歡我，其實我也一樣不喜歡她。要不我乾脆把兒子還給她算了？

@向心，42 歲，和婆婆生活 10 年

從結婚開始，我便和婆婆一起生活。別人總會問我，和婆婆一起生活累不累？我真的想說，一點也不累，反而很輕鬆。

這麼多年，婆婆把家裡打理得井然有序，我和老公回家後都會先去找婆婆，只有她在家，我們才安心。

記得剛結婚不久時，我的做飯經驗幾乎為零。有一次我下廚，差點把流理臺燒了，火勢越來越凶猛，我連忙去接水想要滅火，婆婆見狀立刻阻止了我，迅速取來浴巾沾溼後一下子就把火撲滅了。接著她轉頭就給了我一個擁抱，說：「嚇壞了吧，孩子，沒事的，媽媽在。」

婆婆還特別囑咐我不用把這件事告訴老公，免得老公生氣。婆婆很暖，十年來，一向如此。家裡的任何事情，有她在，總能妥善地解決。有她在，我才踏實。

每次因工作需求出差時，我在外面最想念的就是婆婆燒的一手好菜和她溫暖的懷抱。週末休息時，我哪裡也不想去，只想窩在家裡，和老公、婆婆在一起。聽她講講年輕時的故事，學學生活的小妙招。

@晏靈，36歲，和婆婆生活4年

我和婆婆生活在一起，是從我生了孩子之後開始的。因為工作比較忙，剛做完月子不久，我就回去上班了，只能麻煩婆婆來幫忙帶孩子，沒想到這一帶，就是四年。

住在一起之後我才發現，原來婆婆這麼細膩。

因為是婆婆帶小孩，所以小孩跟婆婆的關係更好，兩歲多的時候都不怎麼讓我抱，晚上也不跟我睡。為此婆婆跟我解釋了好多次，她說：「寶貝現在太小了，因為天天看到我，所以才跟我好，妳不用生氣，孩子永遠和媽媽最親的，寶貝大點就好了。」

其實道理我都懂，我也沒有生氣，但是婆婆安慰我之後，我連那一點點的小失落都沒有了，只剩下感謝。要是沒有婆婆，我真不知道生了孩子之後的生活會亂成什麼樣子。

好多人說自己和婆婆一起生活之後沒有了私人空間，我的婆婆卻一直讓我們有足夠的空間。我和好友偶爾在家裡小聚時，婆婆總是找藉口出門逛街讓我們自己在家裡好好玩，其實我們都清楚，婆婆有什麼可逛的，無非就是想讓我們不必拘束。

我很慶幸，自己有一個這麼好的婆婆，我會加倍對她好，也會向她學習，以後也做一個好婆婆。

沒有最好的辦法，只有更好的方式

不可否認，婆媳關係自古以來就是一個難題。這個問題出自母愛，出自占有慾，出自社會認知。

婆婆和兒媳婦又因為各自身分的微妙、立場的不同，避免不了會在生活和觀念上產生各式各樣的矛盾。但是每一個兒媳婦都可能變成別人的婆婆，每一個婆婆也都曾是別人的兒媳婦，婆媳問題不可能被消滅，但可以盡量化解。

1. 溝通是解決一切關係的良藥

不論是戀人關係、朋友關係、同事關係，還是婆媳關係，溝通一定是處理問題的首要措施。

我的好友自己整理了情緒之後，找了婆婆談心，把自己的問題通通說了出來，也把婆婆對自己的不滿做了解釋；婆婆也敞開心扉，說自己的處理方式可能不對，但心裡都是為了他們好。兩個人就這樣很簡單地用了半個小時消除了誤會。

如果南南可以給婆婆看看一直抱著新生兒可能會導致其脊椎骨彎曲的新聞，把兒子在幼稚園的情況加以說明，或許婆婆也會理解她的初衷，改變自己的養育方式。畢竟，所有人的出發點都是為了孩子好。

晴天也是一樣，可以選擇多和婆婆溝通，告訴婆婆自己不是在和她搶兒子，而是想和她的兒子一起照顧她。同樣，她可以問問婆婆對自己不滿意的地方，有則改之無則加勉，婆婆也會很高興。

畢竟，只要雙方心情好了，很多問題都可以迎刃而解。

2. 保持恰當的界線，彼此尊重

很多女人在邁入婚姻時，都暗暗發誓，為了避免婆媳矛盾，為了增進和老公的感情，一定會把婆婆當成自己的媽媽對待，也會努力讓婆婆把自己當成親生女兒對待。

但殊不知，你在親媽面前可以做最真實的自己，把不好的脾氣都留給她，但你對婆婆卻不能如此。

而婆婆也永遠無法把妳當成親生女兒，因為妳是「情敵」般的存在。那麼，婆媳之間最好的相處方式，便是保持界線，彼此尊重。

婆媳之間可以親，但是不要近。

有條件的夫妻，可以和婆婆分開住，哪怕在附近幫婆婆租一間房子，婆婆需要時可以馬上趕到，既給了婆婆空間，也給了自己空間。

如果條件不允許，那麼妳可以孝，但不要順。

原則問題盡快溝通，界線問題儘早劃清。同一個空間，兩種不同的生活，妳尊重婆婆，也要贏得婆婆的尊重。

3. 處理好和老公之間的關係，才是解決問題的根本

都說婆媳之間有矛盾，最為難的便是夾在中間的老公，但其實老公才是決定婆媳之間是否有矛盾的根本所在。

南南會跟婆婆因為教育孩子產生爭執，小穗和婆婆進行了多年抗戰，都是因為老公不管不問，放任問題的存在。如果老公可以做婆媳之間的調和劑，那麼情況就會不同。

所以妳需要點醒自己的老公。請用「我」的視角去講述自己的觀點，得到老公的理解；再站在婆婆的角度去解釋問題，讓老公知道妳對婆婆的理解。這樣他才會認同妳的觀點，同時看到自己的責任。

只有處理好妳和老公的關係，先讓妳們夫妻統一觀念，才能進一步去改善婆媳關係，好好地孝順父母，經營更好的婚姻。

我們要知道，不管是婆媳關係，還是妯娌關係，這些都是家庭的外圍關係，最重要的還是妳和妳另一半的夫妻關係、妳和孩子的母子關係。其他關係只能短暫地影響我們的心情，但不能長久決定我們的幸福。

能決定我們幸福的，便是我們的獨立與自信，以及我們與另一半的理解與信任。

不幸的婚姻，果然都存在這三個問題

文／非也

「原生家庭不幸，婚姻一定不幸嗎？」

電視劇《喬家的兒女》給出的答案是「是的」。

喬家的五個孩子，因為母親早逝，父親極度自私又不負責任，從小吃盡了苦頭。好不容易熬到成年，有了工作，剛解決了溫飽問題，一個個卻又掉入了不幸婚姻的深坑。

可他們的不幸各不相同，這與他們個人的性格有關，更與其成長經歷有關。

有網友說，也不知編劇到底經歷過什麼，才將他們的人生寫得那麼悲慘，看得另人又心疼又鬱悶。

不理解的人是幸運的，說明他們成長在一個有愛的家庭中，或者有幸沒有遇到壞人的人，從不知道有些人的生活會那樣糟心。

然而，幸運的並不是大多數。對一些人而言，喬家各個兒女的經歷處處讓自己感同身受，甚至覺得自己的經歷有過之而無不及。

對另外一些人而言，生活也許沒有那麼糟心，但也不會一直順心。試問，有多少人從未被生活傷害過呢？

那些成長過程中留下的傷，總會在潛意識裡推著人去尋求療癒。

不幸的是，太過倉促的選擇常常會把人推入另一個火坑。喬家兒女的人生便驗證了這一點。

喬一成：助人型戀人

喬一成是助人型戀人，他的價值感主要源於幫助別人。

這種性格既是天生的，也與其後天經歷有關。對喬一成而言，因為父親不可靠，他不得不從小承擔起照顧弟弟妹妹的責任。

長大後，出於慣性，他不知不覺間容易對需要自己的人產生好感，而且只要對方主動提出要求，他幾乎不會拒絕。

他談了兩次失敗的戀愛，每一次都是女生主動，而且她們都表現得很信任他，需要他。

第一次是他的家教學生，她性格孤僻、多愁善感，但又很有叛逆精神。

她會主動將頭靠在喬一成的肩膀上，用帶著一絲戲謔的眼神和語言挑逗他，木訥如他，也很快淪陷了。

第二次的戀愛對象是一心想逃離原生家庭、果敢奔放的女記者。她理智、堅毅而冷酷，為了實現自己的理想，甚至親手打掉肚子裡的孩子、割捨很愛她的丈夫，隻身一人遠赴美國。

喬一成的愛毫無保留，像哥哥，又像老父親。比如，明明知道妻子出去了可能就不會再回來，他依然全心全意支持她出國深造，還貼心為她準備好厚厚一疊美鈔。

然而，一個人若一直忽略自己的需求，就很容易淪為別人實現目標的梯子，最後落得竹籃打水一場空。他與小朗的婚姻便是如此。

喬二強：忠誠型戀人

喬二強是忠誠型戀人，一旦認定了一個人就義無反顧，堅守、信任、負責，穩定對他而言很重要。

他很容易被那種能夠像母親一樣接納他、理解他、支持他的人吸引。而他的忠誠，也很容易吸引那些安全感不足的人。

他不是一個很敏感的人，但是對於自己認定的人和事既敏感又深情。就像小時候撿到一隻流浪貓，他便一直悉心養到大。

做學徒的時候他愛上了大他九歲的師父，便再也忘不掉。哪怕面對流言蜚語、被人打得昏死過去，他也不退縮。

然而在不愛的人面前，比如葉小茉，他卻是百分百的大木頭，不管她怎樣明示暗示，自己也不為所動。

然而，一個忠誠型的人若不能遇到一個像馬素芹那樣善解人意、懂得感恩的人，便很容易成為「備胎」。

葉小茉和他在一起時，就是仗著他忠厚老實，頻頻晚歸與之前的戀人約會。

他雖然什麼也沒有發現，但很明顯這段婚姻並沒有讓他有歸屬感。

與馬素芹在一起後，他就像是在茫茫大海中航行的一葉扁舟，終於看到了燈塔，找到了幸福的方向。

喬三麗：領袖型戀人

喬三麗是領袖型戀人，她理智、包容、通情達理、目標性強，做事很有規畫，讓人很安心的感覺。對她而言，另一半是否可靠很重要。

她原本是打定主意一個人過一輩子，直到遇到王一丁，他踏實、肯做事又有技術，且性格溫順，一心一意只想跟她在一起。

在一起後，她總是在他舉棋不定的時候給他指引和力量，因此王一丁也很依賴她。

然而，沒有人願意一直被牽著鼻子走，哪怕妳是為了他好。尤其是同時被幾個人牽著往不同方向走時，他就不知如何抉擇了。若王一丁更有主見和果決一點，三麗也不至於活得那樣辛苦。可惜，當初她只看到他的溫順，卻忽視了他沒有主見這一點。

所以，當喬三麗遇到了「媽寶男」王一丁，即便她再賢惠，日子也被婆婆攪和得雞飛狗跳。

畢竟，講道理的人和胡攪蠻纏的人遇上時很難有勝算，往往只能選擇退出，而這也為他們婚姻的破裂埋下了隱患。

喬四美：感覺型戀人

喬四美是感覺型戀人，相對於一個人的內在、人品、能力，她更在乎長相、感覺。甚至，為了不破壞戀愛的感覺，她會對明顯的問題視而不見。

說白了就是「戀愛腦」，她迷戀的是那種戀愛的幻覺，而不是真實的親密感。她追求的是自我感動，而不是被好好呵護。

她在路上偶遇戚成鋼，被他帥氣的側影深深迷住，便芳心暗許，只見過一面，就偷偷拿著戶口名簿，不遠萬里找他結婚。

為了維持美好戀情的幻覺，她對丈夫明顯的謊言、已成定論的出軌事實視而不見，甚至在戚成鋼出軌被抓了現行後，她不顧剛剛生下孩子身體虛弱，哭喊著求大哥放過他。

然而，戚成鋼並不懂得感恩，而是繼續仗著自己長得帥又很會調情而不斷出軌。

若丈夫第一次出軌時，她能夠堅決一點，或許他也不會那樣肆無忌憚。

可惜，她沒有勇氣面對愛情破裂的事實，所以一直自欺欺人，直到被傷得體無完膚。

現實中「戀愛腦」的人不少見，他們常常會為了所謂的愛情甘願賭上一切，不給自己留一點後路。

然而無數事實證明，他們的結局往往很不幸。

畢竟，你百般提防時都會被欺騙，更何況毫無防備呢？

喬七七：疑惑型戀人

喬七七是疑惑型戀人，他從來沒有思考過何謂愛，也不知道自己能做什麼，往往糊裡糊塗地捲入一段關係裡，被迫承擔起責任。他會這樣是因為從小被照顧得太好了，沒有學會承擔責任、獨立思考。

他跟玲子在一起，其實就是一個玩笑，然而，他卻由衷地感謝玲子，因為他覺得是玲子讓他第一次獲得被需要、有價值的感覺。畢竟每個人都有追求成就感的本能，哪怕他總是笨手笨腳的。

只是，若不是碰上玲子父母那樣通情達理的人，也沒有一大家族的人在背後為他把關，他很可能因為自己的糊塗而成為別人用完即丟的工具。

現實中，這樣的「傻白甜」很多，他們總是太過天真懵懂，看不到自己的價值，更不清楚人生的方向，遇上主動或霸道的人，就容易產生依賴心理。可惜，在成人世界裡，每個人都必須學習獨立思考、承擔責任，因為不會總有那麼多好心人來幫你收拾爛攤子。或早或晚，七七總要成長為一個能獨當一面的人，否則很容易再次淪為別人的棋子，也很難在社會上立足。

畢竟，我們與他人的關係，本質上是與自我關係的投射。也就是說，一個無法處理好親密關係的人，往往也不知道怎麼妥善處理其他的人際關係。

先療癒自己，才能遇到幸福

我們總是說「婚姻大事，該慎重考慮」，但事實上，感情的事往往是被潛意識推著走的。越是慎重，就越容易掉入潛意識的坑裡，尤其是受過傷的人。

喬家兒女在選擇另一半的時候，便是如此。

心理學認為，所謂理想戀人，不過是我們內心需求的投射。助人型的人，會愛上需要自己的人。

忠誠型的人，會愛上讓自己安心的人。領導型的人，會愛上溫順的人。

感覺型的人，會愛上放蕩不羈的人。疑惑型的人，會愛上霸道的人。

這原本並沒有什麼問題，最好的婚姻狀態本就是彼此需要、彼此滿足。但前提是，對方也能夠看到你的需求，且不會惡意利用你的真情和弱點。

所以，性格不夠完美，原生家庭不夠好，並不意味著無法獲得幸福。導致婚姻悲劇最直接的原因是，我們被潛意識牽著走，迷失了自己，忘記了愛自己。

設想一下，若他們每個人在愛別人的時候，也能多愛自己一點，或者在選擇另一半的時候，更多關注他是否能夠滿足自己的需求，這樣他們一定會更幸福。

可惜，人總是要在走過一些彎路之後，才會覺察到自己的潛意識盲點，總是要在被人狠狠傷害過後，才會懂得愛自己。

幸運的是，最終他們都學會了愛自己，也終於找到了屬於自己真正的幸福。

可是，為什麼非得這樣呢？愛自己為什麼總是被排在愛他人後面呢？

這是每一個在關係裡吃盡苦頭的人需要認真思考的問題。詩人奧斯卡．王爾德（Oscar Wilde）說：「愛自己是終身浪漫的開始。」

問一問自己，今天，你足夠愛自己嗎？

婚姻裡的漸行漸遠，都是從這件事開始的

文／微奢糖

親密關係中，最怕的是什麼？

我聽到了這樣的答案：「冷漠」和「雞肋」。

意料之外，但也在情理之中。親密關係中，最可怕的的確不是出軌和爭吵，而是那份明明離得很近卻又天各一方的疏離感和掙扎。生活中，感情變成雞肋，拿不起又不捨得丟棄的情況不在少數，這種「變質」的情感會像枷鎖一般緊緊捆綁著曾經相愛的兩個人。從心理學上來看，雞肋感情最大的問題就是疏離感。

所謂疏離感，就是感覺自己被排除在外，缺乏支持，也缺乏有意義的連結。

所以，猜測和抱怨取代了溝通，希望變成了絕望，未接電話當成故意，一個扭頭當成嫌棄，一句玩笑也被當成嘲諷。

然後，在抱怨、爭吵、情緒崩潰中，兩人從無話不談到無話可說。冷暴力把整個家關進冰窖，相愛的人也成了最熟悉的陌生人，這真的讓人又心酸又心疼。沒有第三者橫刀奪愛，也沒有深仇大恨，愛的天平卻失去了重心。

「我們到底錯在哪？」很多人會這麼問，如果真的有幫凶，那一定是情緒。

不能暢所欲言，愛就成了埋怨

有人說，好的婚姻就是找一個你可以隨意發脾氣的人，我不贊同。

婚姻是兩個人的事，但情緒本質上講是自己的事。

合理情緒療法（Rational Emotive Therapy）的創始人亞伯特・艾利斯（Albert Ellis）說，讓我們產生一系列情緒反應的從來不是事件本身，而是我們對事件的解讀。

我曾聽過這樣一個案例，球迷男友因為喜愛的球隊輸球而悶悶不樂，但女生卻將其當成男生不愛自己的表現，鬧著要分手。

可見，更多時候，我們的焦點在解讀和判斷上，而不是解決問題上。

前幾天，一個同事讓我開導她，但 30 分鐘的電話，我是一句話也插不進去。她吐槽男友以前天天陪她吃飯，寧願放棄中午休息時間，也會把朋友送的巧克力送到她手裡。可現在，他會一整天沒有訊息和電話，自己偶爾打電話過去給他，他不是開會就是忙，傳個訊息也都是幾個字。

我看得出來她累積了太多情緒，所以急需一個發洩的出口。但聽完他們的溝通方式後我也看到了問題所在 —— 他們的溝通更像是「吐槽大會」，在互相「揭短」。而且，她會冷不丁地告訴男友「如果你覺得不合適，我們就分手吧」、「你從來都不關心我，這樣的戀愛還不如單身」。

她還會在朋友群組含沙射影地傳訊息抱怨男友。但遺憾的是，男方的回應總是讓她失望，所以，她就開始封鎖對方的通訊軟體和電話。他們的關係就像觸礁的船，進不得又退不得。不暢快的溝通一再演變成爭吵，猜測和獨斷是他們了解對方的方式。所以，情緒垃圾越堆越多，多到無從下手，雖然他們也說不清楚問題出在哪裡。

所以，好的關係需要表達情緒，而不是情緒化的表達。

每一份情緒背後，都有一份未被滿足的期待

情緒是沒有好壞與對錯之分的，只是提醒我們需要做出改變。確切地說，它是一種自我保護，而它的背後是一份還沒有被滿足的期待。

朋友小劉一大早打電話給我，話還沒說幾句，就哭著說想離婚。起因很簡單，女兒起床後，突然跑到爸爸的枕頭上去

睡，說：「我聞到爸爸的味道了，我好想讓爸爸送我去上學啊。」正在盥洗的她聽到這些，委屈到不行。

她老公自己創業，大多數時間不是出差，就是早出晚歸。

她自己是外商中階主管，也是一個二胎媽媽，工作了一天，下班還得去接孩子，然後做飯吃飯，陪老大寫作業，替老大、老二洗澡，然後再洗衣服。最後她腰痠背痛地躺在床上，這時已經到了後半夜，而老公往往還沒有回來。

她時常自問：「這樣的生活到底是為了什麼？」

這樣的自問總是會讓她進入情緒崩潰狀態，然後傳好幾十條抱怨訊息給老公。結果可想而知，他說她不懂得理解人，她說他自私。她說老公在家時，她會想和老公交流一下，結果他不是說「明天再說」，就是說「妳想多了」，總之，就是不想說話。但轉眼，他就在通訊軟體和朋友群組裡與別人聊得火熱，調侃、玩笑信手拈來。

每當看到這一幕，小劉就會十分憤怒，將老公數落一頓。

其實，犀利的語言和尖銳的指責背後，藏著小劉的一份期待，那就是老公的愛和陪伴。她覺得自己很孤獨，她需要被看見和被理解。

很遺憾，這份情緒背後的期待總是被對方忽視，而那些歇斯底里的行為卻讓對方刻骨銘心。

毫無疑問，每個人都要學會好好表達，但真的不是每個人都懂得表達。

我們對情緒的處理，有時就像狗狗處理外界干擾一樣，稍有風吹草動，就會大喊大叫。但從本質上講，我們也不過是想告訴對方「我不舒服了，我有需求」。

要想婚姻長久穩定，我們必須試著透過行為去看到對方內心的真實感受。只有這樣，有效的溝通才有機會進行。

情緒可疏不可堵

心理學研究發現，人類有 90%的疾病都與情緒有關。

心理學家羅蘭．米勒（Rowland Miller）曾說，受到婚姻困擾卻不能暢所欲言的中年婦女，比起她們直言不諱的鄰居來說，在未來十年的死亡率多出 4 倍。

更讓人揪心的是，很多人會假裝快樂，假裝不在乎，這才是更致命的傷害。杜克大學學者研究發現，假笑比憤怒更能傷害一個人的身心健康。

所以，面對婚姻中的情緒，我們必須面對並管理它。那夫妻雙方可以怎麼做呢？

1. 理解男女之間的不同

從事婚姻關係深度研究的心理學家陶德．休斯頓（Todd Huston）說：「對於妻子來說，親密關係意味著談論事情，尤其是感情關係本身。而男人的想法是，我想和她一起做事，而她想做的只是說話。」

就比如，男人在工作中遇到不順心的事情時，更希望自己一個人安靜待一會兒，但女人會不斷詢問。女人遇到不順時，男人喜歡提出一些怎麼去做的建議，但女人要的只是有人聽自己抱怨和給自己一個及時的擁抱。

所以，婚姻中遇到衝突時，不一定是對方錯了，可能是他用了他喜歡的方式，而你剛好不喜歡。

2. 保持自我察覺

當你出現情緒波動，想要和對方溝通時，你需要先問問自己：我怎麼了？因為什麼事情變成這樣的？我想要的結果是什麼？

這樣一來，我們才不會一味地發洩情緒，而是去表達自己的情緒和期待。

3. 把指責、抱怨轉換成溝通訴求

心理學家約翰．戈特曼（John Gottman）說：「婚姻出現問題的一個初期訊號是尖銳的指責、過度的抱怨和人身攻擊。」

所以，在自我察覺的基礎上，我們要試著告訴對方你想要的是什麼。比如，女友生病了，但男友一通電話也沒打，她很生氣，那她要表達的不僅僅是你都不關心我，而是我希望你能多打幾通電話問候我，這樣我才覺得你在關心我。

4. 設立愛情專屬日

每個人都有自己的壓力，但繁忙絕對不是忽視的理由。

任何人際關係的維護都需要經營，親密關係更是如此。所以，試著安排愛情專屬日，可以是在固定的某個時間，只有你們兩個人，去吃頓飯，或者看場電影。這樣的活動會讓彼此累積親密感和幸福感，減少疏離和孤獨感。

心理治療師維珍尼亞．薩提亞（Virginia Satir）曾說：「白頭偕老的婚姻所需要的一項必不可少的能力，是處理問題的能力，而處理問題最重要的一環是情緒。愛不是單向付出或者索取，沒有誰要為對方的情緒買單。因為好的婚姻不是共生，是雙贏，是兩個成年人彼此獨立，然後在平等的相處中去彼此呵護和滋養。」

婚姻越走越無話可說，三個建議讓你走出泥沼

文／茗荷

「妳們和老公還有話說嗎？」

好友小聚，目目的一個問題忽然讓大家的歡聲笑語停頓了下來。這個問題的答案大家都心知肚明。婚姻走到深處，好像每天和老公的交流也僅限於日常瑣碎了。「孩子作業做完了嗎？」、「你今天回來吃飯嗎？」」

覺得稀鬆平常，但也隱隱約約有些不安。想不明白為什麼曾經有那麼多話可以說的兩個人，怎麼就變成了「無言以對」。

是什麼讓我們疏於彼此溝通？又是什麼讓我們對待身邊人

就像「左手摸右手」一樣無感？

大部分的婚姻真的是如此嗎？

趁著興致濃，我索性採訪了多對夫妻，一些來自朋友，一些來自夫妻諮商案例。我渴望以平實的記錄，去啟發朋友們找到一些破解這一困局的方法。

01

A 夫妻

丈夫：國營事業第二把手／妻子：全職太太

關鍵詞：講道理，逃

他：我和妻子屬於白手起家，我們的教育程度都不高，但是都很勤奮努力。因為沒有父母幫忙，她很早就從做得很不錯的工作職位上退下來，全心照顧家庭。這些年她的生活都是圍繞著我和兩個孩子過的。

如果沒有她，我很難想像像我這種沒有背景的人，能在公司裡做到今天這樣的位置。她幫助我太多了。

之前，我會把生活工作中的各方面都和她交流，她也很依賴我。可是最近幾年，我真的很怕和她說話。

隨著我工作上的進步，她好像越來越沒自信了。每次跟我說話，她都會明裡暗裡地暗示我要安分守己，以家庭為重。有時候她在網路上看到一些婚姻方面的文章，也會立刻發給我讓我研讀。公司裡一旦有哪個女同事跟我接觸比較多，她都要旁敲側擊。這些都讓我很厭煩。

於是，我在外應酬的時間越來越多，除了孩子的事情之外，我也基本不和她說太多的話。

她：他總是說我管他管得太多了，限制他在外應酬。他說男人在外壓力很大，需要放鬆，怎麼可能不應酬，叫我不要總打電話叫他回家，這樣讓他很沒有面子。可是他一週幾乎只在家裡吃一兩頓飯。他說他累，難道我不累嗎？

六年來我只逛過兩次百貨公司，我不需要休息嗎？我不管和他說什麼，他都當作沒聽見，依舊我行我素。

我們之間的交流越來越少，我真的很壓抑。有時候我甚至都想直接離開這個家算了。

B 夫妻

丈夫：公務員／妻子：行政職員

關鍵詞：懶，敷衍

他：我的工作屬於壓力比較大的類型，上班的時候需要極其耐心，說很多的話，並且要承接大量的負面情緒。加上經常需要到基層去檢查，我整個人的身心都非常累。

下班之後，我其實只想打打遊戲放鬆一下，但她總是希望我和她多說說話。我知道她的需求是合理的，但是說實話，我真的很懶，也很累，那個時候我就只想「躺平」。

她：我一點都不相信他不願意跟我說話，只是因為工作累的原因。我看過他的手機，他和同事總是談笑風生，活潑得很，可一旦跟我說話，他就變得敷衍。

連一起陪孩子出去玩，他都顯得不耐煩。但如果是他一個人出去和朋友們玩，他就會很開心。

我的訴求其實很簡單，就是一家三口每天能一起互動一下，聊聊天，出去走走。每當我出去散步的時候，看到別人家的這種場景，我都很羨慕。

對了，我的丈夫去年出軌了，把所有好聽的話都說給了別人聽。這件事深深傷害了我，我覺得他不是沒有話說，只是和我無話可說。

C 夫妻

丈夫：專案經理／妻子：財務工作者

關鍵詞：冷，怕

他：我和太太一直是異鄉工作，她和我母親住在一起，帶著兩個孩子一起生活，我則自己在外地工作，週末的時候會回去。

前幾年的時候，我是很想回家的，因為獨自一人在外，非常孤獨。但當我適應了一個人在外的生活時，說實話，我根本就不想回去了。

我的母親和太太都是喜歡把情緒寫在臉上的人，這讓我感到害怕。她們抱怨、指責我的時候，我基本都是沉默的。我知道這樣處理並不好，但是我也不知道該怎麼辦，只能少回家了。

她：我實在是受夠了。我要的只是一家人和和睦睦地一起聊聊天而已，可是他總是沉默寡言，不說話，對孩子也沒有什麼耐心。因為這種冷漠，我提出了離婚，他連離婚協定都簽了，可是就是不肯跟我說句話。

我之前也曾努力地表達我的感受，說我在這樣的婚姻當中很委屈、很鬱悶，他卻像是沒有接收到我的訊息一樣，一直對我冷暴力。

可如果真的離婚，我又捨不得孩子，我真的不知道該怎麼辦了。無話可說，是因為我們選錯了人嗎？

如果不離婚，又忍受不了冷冷清清的婚內孤獨，還有救嗎？

02

我們也採訪了不少恩愛夫妻，他們也分享了很多好的經驗給大家。

1. 理解對方愛的語言

有的夫妻會糾結於對方和自己交流的頻率，然而，我們必須要接受的一個事實是，夫妻相處時間久了，話變少本身是一件正常的事情，但並不一定意味著雙方的感情變淡了。

各自的事情和婚姻裡一些雞毛蒜皮的事，經過多年的反覆訴說，彼此也都知道得很清楚了。老夫老妻之間，一個眼神過去，往往就知道對方在想什麼了，根本不需要動口。

我們常常會陷入一個失誤，以為溝通就是語言上的。其實不然，愛的語言是豐富的，包括肯定的語言、肢體接觸、為對方服務的行動、陪伴的時刻、禮物等。與其刻意地去和對方說話，或者提供對方有負擔的愛，倒不如弄懂伴侶最需要的愛的語言是什麼，投其所好。

比如，A 夫妻中的妻子很喜歡丈夫送給自己的禮物，但丈夫一直不注重儀式感，雖然把薪資都交給了妻子，但從不替妻子買禮物。經過調整，丈夫開始改變自己的做法，在重要節日替妻子買一些禮物。他驚奇地發現，太太不怎麼對自己說教了，他也更願意減少應酬回家陪妻子和孩子了。

2. 制度性地建立雙方溝通機制，注重細節分享

童年的時候，我們經常一家人一起坐在院子裡吃西瓜、聊天，一家人都非常專注地聽對方說話，這成為我童年裡獲得愛的滋養的重要部分。

夫妻之間也是如此，如果能在一天之中的某個時刻，確保雙方能夠心無旁騖地進行溝通和交流，哪怕只有十分鐘，也足夠拉近彼此的距離了。

很多情侶之間之所以無話可說，相當程度上在於彼此缺乏細節的分享。而細節的分享，往往會讓我們有一種和對方感同身受的感覺，能相當程度地拉近雙方心靈的距離。我們只有表現出傾聽的意願，並且注重互動和分享細節，對方才有繼續交流下去的欲望，碰撞往往就在此時產生。

當妻子在鏡子前試衣服並問丈夫「好看嗎」的時候，丈夫不是簡單地說「好看」，而是說「你穿這件衣服，能夠把你身上那種古典的氣質襯托出來」，此時妻子該是多麼開心啊！

當丈夫向妻子訴說自己被上司責備了，妻子如果能繼續追問「他是怎麼說的，當時你應該很生氣吧」，丈夫該多麼具有傾訴的欲望啊！

很多時候我們不是沒有話題，而是喪失了感同身受的能力或者是興趣。

3. 為自己和婚姻注入新的體驗

透過多年心理諮商工作，我發現很多人對婚姻和伴侶的厭倦只是一個表象，深層的原因在於他們對生活和整個人生感到筋疲力盡，沒有動力。

通常來說，那些比較熱愛生活，成長意願比較充足的伴侶，更容易感受到生活的新鮮感。

經過諮商之後，B夫妻中的妻子去學了瑜伽，並從中感受到了跟自己身體對話的一種奇妙的感受。見到丈夫的時候，她興奮地跟丈夫分享，丈夫也感受到了妻子的活力和熱情。同時，丈夫也學了一個木工新技能，為妻子做了一雙筷子作為禮物，可想而知妻子可謂心花怒放。

這些無話可說的夫妻們，在他們過去的婚姻中，彼此就像是吃不飽的孩子，去要求伴侶提供充足的愛給自己，伴侶因此感覺疲憊，想要逃跑。

而當他們把目光放回自己的身上，以第一責任人的身分照顧好自己的情緒和生活時，婚姻中的個體開始變得鮮活了，家庭內的氣氛也開始變得鮮活了，原本如一潭死水的婚姻生活也開始發生變化。當然，如果以上道理你都明白，可就是感覺自己「懶」得去做，那我還是要提醒你一句：你的他（她）並不是理所當然地屬於你，也不會永遠屬於你，還是需要用點心哦。

婚姻中，親密關係的這三大困難你必須要克服

文／蘇錦

我聽過太多已婚女性問過我同樣一個問題：我明明因為愛情才結婚，為什麼愛情在婚後就突然消失了？

我寧願他出軌，也不願意他這樣對我

@小婉，35歲，結婚4年

結婚四年，我們一起過了兩年的無性婚姻，然而這並不是最讓我絕望的……

談戀愛那會兒，我們總會聊到以後的生活。他說他會努力賺錢養我們的小家，而我只要在家裡做自己喜歡的事情就好。

登記結婚當天，他還送了我一張「賣身契」，上面寫著：即日起，我便將身家性命全部交給我的愛妻，永不反悔。

回憶起過去，我至今都很難相信。就是這樣一個心疼我又幽默的男人，把我推向了深淵。

結婚後我成了一名全職太太，而他如願進入了自己嚮往的公司。這一切看起來就跟我們之前規劃好的一樣，但之後發生的一切打破了這份美好。事情要從他那個女助理說起。

這個女助理年紀不大，但是很會討好我老公。平時工作接觸也就罷了，凌晨一點還傳訊息給我老公、打電話，一口一個「哥哥」，求他幫這個幫那個。

老公工作本來就忙，我們的夫妻生活也越來越少，她還總是在大半夜用那種語氣騷擾我老公。那天我又聽到她半夜傳訊息給我老公，一下子就急了，跟他說能不能十點以後就不要工作了。沒想到他回我一句：這女孩年紀小，有上進心，我應該多幫幫她。

我也曾經懷疑過他們，就偷偷查了他的手機，結果什麼也沒發現，反而被他罵了一頓。我們大吵了一架，從那之後，我們的關係開始越來越遠。

之後，他開始沒日沒夜地工作，我也管不了，只期待他能空出一點點時間陪陪我。後來我發現只有在跟他要錢的時候，他才能稍微關心我一下問問我最近都買了什麼，做了什麼。

直到有一次，他嫌我花錢大手大腳，說我天天在家買菜做飯，怎麼能花那麼多錢。

我心裡期待的是，我在跟他要錢的時候，他可以多問問我今天做了什麼。然而最後得到的卻是一句：現在的妳，還不如我公司裡的小女生！

我現在真的很崩潰，比起他出軌，我更難以忍受他現在對待我的方式 —— 冷漠，無性的生活，我們這樣到底算什麼夫妻？

婚姻中，慎重談這三件事

伴侶之間的親密關係可以分為幾個階段：甜蜜浪漫期、衝突期、整合期以及承諾期。

步入婚姻初期是甜蜜浪漫期。在這一階段，我們會憧憬未來，認為生活會越來越好，相信愛情可以戰勝一切。

但由於生活環境不同、性格不同，很快我們就會迎來下一個階段 —— 衝突期。

在這個階段中，婚姻關係充滿了無數的暗礁，容易對夫妻情感造成很大的衝擊。其中幾個主要的暗礁是 —— 金錢、性、出軌，而這正是親密關係的三大困境。

小婉和她老公就恰好處於這個階段，此時若衝突處理不當，很容易導致婚姻破裂。因此談論這三件事的時候，我們要非常小心。

尤其是在和老公溝通時，我們一定要掌握以下幾個原則。

坦誠深度的交流，是緩和夫妻關係的良策

1. 直接表明對伴侶的需求

許多全職媽媽都曾表達過自己在家中不受重視這一問題。這就是伴隨著經濟的不自主而衍生出的依附感與低價值感。

小婉在和老公結婚初期，兩人的關係還相對平等，老公還會主動用遞交「賣身契」的方式來討她的歡心，但結婚幾年後，他們的家庭地位發生了轉變。

在老公本就對職業女性有一定嚮往的情況下，小婉依舊用金錢作為維持雙方關係的連結，這會讓伴侶更加輕視她的地位和話語權。這樣的行為不僅達不到讓伴侶重視自己的目的，還會拉大自己與老公心中對女性的期待差距。

因此直接和老公表明自己需要得到伴侶的尊重和愛才是最優的選擇。

2. 用坦然的心態談論夫妻生活

現如今，仍然有很多夫妻會迴避性生活這個話題。並且在傳統相處關係中，男性在性中更俱主導性，女性居於配合被動的地位，羞於談性與享受性。

在我們談論這個問題的時候，要擁有安全、誠實、開放的討論空間。並且要勇於表達自己的需求。

小婉和老公的最大問題就在於兩人都在迴避這個問題，小婉在得不到滿足的情況下會直接牽扯出女助理，這一點容易引起老公的反感。而小婉老公總以工作為藉口，躲避正常的夫妻生活，這更是引發夫妻矛盾的關鍵。

成為夫妻後，要對彼此保持真誠和坦然，迴避永遠解決不了問題。

3. 溝通出軌問題要保持理智

出軌對女性的傷害過大，會帶來對自我的全盤否定，信任與安全感被破壞，導致強烈的憂鬱和失落感。出軌對男性的衝擊則是憤怒、被背叛感居多，他們更容易會選擇迴避，不想面對，會質疑自己的性魅力。

當發現伴侶出軌時，擺在自己面前的第一個決定，就是我還要不要繼續維持這段關係，修復或放手？這需要我們深思熟慮，在比較冷靜的情緒狀態下進行評估與長遠考慮。

稍有風吹草動，便開始暗中調查丈夫，這種行為無疑是將他推向了第三者。因此請先放下自己受到背叛的憤怒，不要用主觀情緒在老公面前評判潛在的第三者。要做一個客觀事實的描述者，讓對方了解到他的行為有何過錯。

理想的婚姻狀態，就是合作公司

理想的婚姻狀態就是合作公司，兩個人優勢互補，彼此坦誠、信任與支持。「婚姻合作公司」注重的目標是情感，要求是深度真實而連結緊密。

關係中彼此的需求要被看見和理解，人們常以為，「他愛我就應該懂我的心」，也因為害怕被拒絕、被否定而不敢表達需求，害怕自己不夠好而不值得被珍惜 —— 這些都是經營一段親密關係的障礙。

突破口就是坦誠、深度的交流。直接、真實地表達情感，勇於去面對那個脆弱、不夠好的自己。

老公出軌回歸後，如何重建信任

文／張倩

男性訪談，關於「回歸後，還會想那個第三者嗎？」

大 C，31 歲，回歸 3 個月

回歸後我老婆看我看得很緊，要我去哪裡都要跟她報備。

說不想「她」是假的，我和她性生活的和諧是我和老婆不曾有過的。但是我不敢太想，否則被我老婆看出來會很麻煩。其實回歸後，我們的夫妻生活一直不太好，也就是將就著過吧。

橙子，36 歲，回歸 1 年半

曾經以為我和太太走不下去了，但最後我們還是選擇了修復婚姻。不得不說，我太太很大度。我們把婚姻裡的問題全都拿出來討論了一遍，發現多年來對彼此都有很深的誤解，而各自又有這麼多委屈。

很多人說出軌是婚姻中摧毀性的打擊，但我們成功把這個危機變成了轉機。在專業人士的幫助下，我和太太建立了不錯的溝通機制。

偶爾會想起「她」，沒有太多波瀾，祝福她。

老千，44 歲，回歸 7 個月

這個問題，我老婆隔三差五就要問我一次。說實話，我一天也沒有忘記過「她」。但我只能違心地說我不想。其實我曾經想和我老婆敞開心扉好好聊一聊，但是不行，她一聊就爆怒，根本談不下去。這麼多年，我也受夠了。等孩子高中考試結束，我們就要離婚了。

女性訪談，關於「他回歸後，妳還會被第三者困擾嗎？」

Chen，32 歲

第三者就是梗在我喉嚨裡的一根刺。

有時候晾著床單，看見窗外的陽光，我突然間就會想起他們通訊軟體裡那些露骨的對話。那一瞬間，我會突然很恨。他說他不想「她」，但我根本不信。每當看見他出神，我心裡就難受。

小璐，40 歲

有時候我也會擔心，也有不安全感，但是日子一天天過，也很太平，這讓我心裡安穩了一些。我沒問過他關於那個女人的事，他也沒說過。知道了又怎樣？徒增煩惱罷了。

小尹，35 歲

我們深聊過。他說，這條路他已經走過了，也付出了代價，他不會再走。我還是願意相信他的，但是當他不接我的電話時，我還是會心慌。

當你在關心這個問題時，你在關心什麼

這兩組訪談裡，有沒有你自己的影子？又是否有哪一句話觸動了你？

從訪談來看，對於出軌男性來說，「是否想念第三者」這一問題，並沒有標準答案，有人內心千迴百轉，有人對此雲淡風輕，不一而足。有趣的是，讓男性避之不及的話題，卻是妻子們普遍關心的，甚至成了難以放下的心病。

在諮商室裡，女性來訪者普遍糾結於同一個問題：他回歸了，可是我不知道，他心裡還有沒有那個女的？

她們會想方設法套出老公的真心話，甚至求助於諮商師：你幫我想想辦法，我怎麼才能知道他還想不想那個人？

實際上，當妳在關心這個問題時，妳其實是在關心：他是否還會出軌？

即便如採訪中的小尹，她願意去相信自己的先生，卻仍舊會在聯繫不上對方時，感到隱憂不安。

這是許多出軌回歸家庭共同面臨的問題：作為妻子，我很擔憂對方會不會再次出軌，造成我二次傷害。

自己足夠可愛嗎？值得被愛嗎？

這是一種焦慮，懷有這種焦慮的，女性居多。

我曾接待過一位女性來訪者，她在發現先生出軌女下屬的時候，感到羞憤交加。可她在短短幾個小時裡，快速調整了自己的狀態，整理妝容，像往常一樣迎接自己的丈夫歸家，並在未來的幾週裡，不遺餘力地取悅甚至討好丈夫。

丈夫的出軌並沒有把她壓垮，但丈夫出軌後她對待丈夫的態度，卻一度讓自己情緒失控，並因此前來求助。

諮商中經過探討我發現，她在原生家庭裡，時常被貶低。價值感不足，導致她去取悅、討好自己的丈夫，以便彌補那被貶低的刺痛，證明自己值得被愛。

懷有這種焦慮的女性，往往在原生家庭中有許多待處理的創傷。她們更需要多多地照料自己，而非透過取悅他人來尋求價值。

想念與安全無關

再回到最初的那個問題：男人出軌回歸後，還會想那個第三者嗎？

從訪談裡我們看到一個殘酷的事實，大部分男性都會想第三者，最起碼是想過。這讓妻子們心頭一緊，難以釋懷，搓手相問，如何是好？

但妻子們需要知道的是：出軌回歸的丈夫會想第三者，這並不意味著他們會有所行動。比如訪談中的一部分男性，他們抱著懷念、祝福的心態，去想念一段已經逝去的歲月。這種想念，類似於妻子們想起自己的初戀，帶著一種「相見不如懷念」的氣息。

所以，想念不意味著不安全。

但是你會發現，出軌男性對第三者想念的程度各不相同。「偶爾想起」的橙子，內心並無太多波瀾，只是祝福對方。「每天都想」的老千，則是心心念念，盼望離婚。似乎想念的程度越高，對婚姻的威脅性也更大。所以，很多女性想要以此衡量自己安全的程度，決定自己在今後的夫妻關係中該付出多少。

其實，這個思路反了。

看看受訪者大 C 的話：「說不想她是假的，我和她性生活的和諧是我和老婆不曾有過的。」這裡面隱含的邏輯是：因為我和老婆的性關係不夠令人滿意，所以我會想念「第三者」。再看看老千：「其實我曾經想和我老婆敞開心扉好好聊一聊，但是不行，她一聊就爆怒，根本談不下去。」這句話的含義是：我和老婆的溝通存在問題。

所以，並非越想念，對婚姻的威脅越大。而是婚姻越是存在問題，丈夫就越容易想念第三者。這個邏輯可以延展為：婚姻越是存在問題，就越吸引當事人向外求愛。

所以，他想不想第三者，並不能決定關係，而是反映關係。那麼，是什麼會決定出軌後回歸的關係？

老公出軌回歸後，最應該關注的是什麼

小 G 是我的來訪者。她素來溫柔體貼，卻在丈夫出軌回歸後，變成了「女偵探」。她會偷偷檢查丈夫的公事包、襯衫口袋，尋找蛛絲馬跡；在淩晨三點醒來，用丈夫的指紋解鎖他的手機，檢視訊息；她還會時不時刺探丈夫，追問第三者在丈夫心中的地位。丈夫越來越不耐煩，而小 G 也越發相信，晚歸的丈夫，並非真心回歸。

「我想證明他不會出軌，又想證明他再次出軌。」小 G 說。

小 G 有她的個人成長經歷，這和她的原生家庭密不可分。但拋開那些成長經歷暫且不論，小 G 正誤入女性常常陷入的禁區。和許多女性一樣，她變得惶惶不可終日，愛翻舊帳，擔憂未來，忘不掉，也走不動。

也和許多女性一樣，小G的一隻腳在過去，一隻腳在未來，唯獨沒有活在當下。

事實上，決定修復關係品質的關鍵，恰恰在於一個又一個的當下。

1. 兩人當下的互動模式

老千和太太，一談就炸，無法深聊。婚姻中若有太多「不可深聊」，夫妻的疙瘩便會越來越多。所以老千說，這麼多年，我受夠了，孩子高中考試結束後就去離婚。

2. 當下情感需求有沒有得到滿足

橙子和太太，曾經有過許多委屈，而當這些委屈被搬上檯面，誤解被澄清，兩人的情感需求得到滿足，關係便大大改善了，甚至較出軌前「進階」了。

3. 當下性生活是否和諧

大C出軌，除了一部分情感需求，第三者還滿足了他相當一部分的生理需求，而他和太太，顯然缺乏性生活上的交流和嘗試。

如果上面幾條都有良好的改善，你就能極大地減少回歸方向外求愛的可能性。至於回歸方還想不想第三者，更不用考慮。

而許多女性的關注點，一開始就放錯了。

更為重要的是，有時這種失誤，非但不利於關係，反而起了破壞作用。

對於小 G 這樣的女性，在丈夫出軌回歸後，她們需要注意以下幾點。

1. 莫翻舊帳，莫追問細節

這是大忌，也最易「屢教不改」。對於出軌方來說，過往便是汙點，他們都渴望能儘早翻篇。只要妳提起，對方便容易惱羞成怒。

2. 增進雙方的溝通

情感需求、性、衝突和互動模式，都需要充分、大膽以及耐心的討論。妳們可以坐下來，一個個地探討兩人的需求，以及解決方式。你們需要付出十足的努力，竭盡全力去改變。

3. 多多照料自己

為自己列個「照料計畫」，運動、擴大社交圈、重拾愛好……總之，做一些能夠滋養自己、讓自己身心愉悅的事情。當妳照料好自己後，妳對他的過往及行蹤的關注就會減少，身心就會放鬆；妳的魅力也會隨之綻放，會反過來影響妳們兩個人的互動。

總之，重建信任需要時間，老公回歸後最重要的事情，是把握好一個個當下。妳把無數個當下過好，就慢慢疊加出一個充滿信心的未來。誠如訪談中橙子所說：「出軌既是危機，又是關係的轉機。」

當然，冰凍三尺非一日之寒。改變需要付出很大的努力。

若你對未來婚姻感到恐懼和迷茫，不妨聽聽這番話

文／茗閬

十年後，校花離婚了

婚姻的小船，能夠到達彼岸的原因大同小異，中途落水的卻各有不同。

朋友小雲在不久前離婚了。

她學歷不低，薪資不低，是個標準的都市美女。她從上大學起就是被千萬男生狂追的校花。

一別近十年，上一次見她還是畢業不久後在她的婚禮上。她和她的老公是相親認識的，畢業不久，迫於家裡人的壓力，以及洗腦式的「妳們很合適」的看法，她們很快便結婚了。

結婚前所說的那些美好的未來，卻在婚後成了泡沫。結婚前說好要學著做生意，一起創業，遨遊世界。結婚後便只剩下了遊戲和無聊，老公之前的所有承諾像是只為了完成讓她嫁進家門的任務一樣，結完婚後就不算數了。

想想真是有些莫名的悽楚，如此優秀的女生卻在婚後過上了如此枯燥乏味的日子。

她老公的家境是比較富裕的，而她父母極力促成這段婚姻的目的，也是為了女兒「嫁過去之後，不愁吃穿」。這真是一個看起來很正確卻又令人心酸的理由啊。

然而，看到不求上進的他，最終，她還是選擇了離開。

數十年前，人們結婚想的是「嫁漢嫁漢，穿衣吃飯」，到如今不愁吃穿的時代，難道還能以此作為衡量一段婚姻是否幸福的標準嗎？

人們內心的欲望已經膨脹了，生活上的溫飽已經不能滿足人們對於婚姻的心理需求。以前每天粗茶淡飯都可以活得很開心，現在日日三珍海味都會讓人覺得甚無滋味。

幸福的婚姻，情投意合更重要

現在的婚姻，不僅僅是要門當戶對，更重要的是情投意合。今年去外縣市的途中，我遇見了一對中年夫妻。因為我比較大方開朗的性格，所以大家很快便熟絡了起來。

他們相識已經 15 年了，戀愛兩年，結婚 12 年。

我很少見過結婚這麼久，還依舊保持戀愛新鮮感的夫妻。

在我向他們訴說著大多數人對於未來婚姻的恐懼和迷茫的時候，她丈夫的一番話，令我豁然開朗：

「如果你打算開始一段婚姻，那麼你確定你們彼此喜歡嗎？你確定要和這個人共度餘生嗎？

「如果你還在猶豫的話，那就先不要著急，不要被外界的壓力所迫；大家都希望有情人終成眷屬，卻並不知道你是否會快樂。」

「但是一旦你確定了雙方合適，開啟了一段婚姻，那就不要再猶豫。」

親歷婚姻，我才知道什麼叫愛

他繼續說道：「我和她是大學同學，大三那年我們才第一次相遇，在學校聯歡晚會上，她是最光彩奪目的，而我卻是臺下一個普普通通的工科宅男。三年頹廢的宿舍生活讓我對自己的外貌無比自卑，唯一值得稱道的便只剩下一顆驕傲的心。」

「那時候我就在想，我是配不上她的，那不如就做一個默默關注她的人吧，不出現在她的生活裡，因為我好像無法給她美好的未來。」

「就這麼朦朦朧朧地過了一年，我們即將畢業了，我也痛苦了一年，畢竟誰也無法忍受自己喜歡的女神嫁給別人。」

「我躺在床上，徹夜未眠。最終，我好像懂得了一個道理：如果你真愛一個人，你會因為她不優秀就不喜歡她嗎，還是會因為她太優秀就不喜歡她？」

「為了其他的東西犧牲了愛情，才是最不明智的表現。只有看破了這一點，你才能成為真正適合走進婚姻的人。」

「因為這已經不是單純的衝動、喜歡以及欣賞了。這是真正不在乎貧窮或者富有、疾病還是健康、順境還是逆境，都將把對方當作自己託付一生的人。」

「畢業典禮那一天，我鼓起勇氣向她表白了。我只是說我很喜歡她，沒有說要她怎麼樣。」

「這其實是現在很多年輕人的一個失誤 —— 總覺得我喜歡你了，告訴你了，你就必須喜歡我，或者和我做男女朋友。殊不知，抱著這種心態戀愛的男女，容易得到，也容易失去。」

「我們開始交往了，這期間，我們就像冬天的兩隻小刺蝟一樣，想要相互取暖，卻又不敢接近太多，怕傷害到彼此。我一直認為『磨合』這個詞非常好，這可以讓我們慢慢了解適應彼此，不急不躁。」

「兩年後，我們結婚了。」

「其實在結婚前我們也有些恐懼，害怕如大多數人一樣一生碌碌，沒有波瀾的生活對於我們來說簡直無法想像。」

「但儘管如此，我們仍舊結婚了。」

「都說婚姻是愛情的墳墓，說出這句話的，大都是不善經營婚姻的人。」

「曾經有一次，我們正在客廳裡看電視，一隻蟑螂爬了過來，她嚇得花容失色，立刻跳到了我的身後大聲尖叫。」

「那一刻我的男子漢內心得到了極大的滿足。但是後來聽姪女說，在奶奶家的時候，只有她和奶奶以及我老婆在家，一隻特大號老鼠從廚房呼嘯而過，老婆淡定地拿了一個勺子砸中了老鼠。」

婚後恩愛 12 年的祕訣

他跟我分享了四個婚姻幸福的祕笈。

(1) 男人多多少少都要承擔一些家務。這是對家庭負責，哪怕是簡簡單單的倒垃圾，只要分擔了，就會讓她感覺到，她不是在孤軍奮鬥。進入彼此的世界，是很有必要的。

(2) 生活中可以經常參加另一半的聚會，工作中可以相互幫忙。比如上網為對方查詢一些資料，這些都可以讓對方感覺到你就在他（她）的身邊。

(3) 婚姻中不可能沒有爭吵，但是只要不涉及原則問題，不要輕易說分開，這是不成熟的表現。如果是男士做錯了事情，一定不要單單地說對不起，這樣顯得很沒有誠意。

(4) 如果每天都是柴米油鹽，當然會很煩。我們每隔一段時間都會放下一切，去一次短暫的自駕遊。花草樹木多的地方是我們的最愛，聞到了路邊的花香我們就停下車，想到什麼就說什麼，盡情地呼吸大自然的空氣，這一刻會讓彼此的內心得到極大的釋放，不再想家務，不再想工作，有的都是美好。可能會有一段時間無話可說，但是這安靜，也是極為難得的。

這樣美好的婚姻不僅可以為他們彼此帶來歡聲笑語，還可以提供未結婚的年輕人一個充滿希冀的夢。

很多人想要找一個性格合得來的人做自己的另一半，抑或是興趣愛好、生活習慣一樣的人。

演員章金萊（六小齡童）和演員於虹在一起之前，於虹曾說過她未來的另一半一定要如何如何，說了很多條件。但是，章金萊沒有一條符合，但如今他們早已走過銀婚。

可見，性格、興趣愛好、生活習慣都不是大問題，在戀愛的磨合期，都可以慢慢調整到適合彼此的狀態。但是原則性的價值觀、道德底線還是要整體一致，畢竟這決定著你們能否幸福地走到最後。

花有重開日，青春不再來。一個人的一輩子只有一次，如果你只是想馬馬虎虎地度過一生，自然可以如那無根的浮萍，隨處飄零。但是如果你還想有一些值得懷念的日子，在垂垂老矣的時候，躺在樹蔭下的躺椅上，向後人們訴說著這一輩子的精彩，那麼，請你在婚姻開始的時候，就不要帶著錯誤的想法。

實錄：相親結婚是否能長久

文／巫其格

在這個時代裡，好像沒有在校園裡解決單身問題的話，進入社會後如果不透過刻意的管道認識異性，想要「脫單」就難了。

據統計顯示，有 40%的人都是透過相親交友認識伴侶的，其他很多也都是透過熟人、朋友、同事介紹認識的，真正靠自己認識伴侶的人比例很低，這也是交友軟體長盛不衰的原因。

可能有人會覺得，自由戀愛的時代，相親多麼不可靠呀。但在我問過不少透過相親結婚的女性後，似乎有了不一樣的答案。

相親就是盲人摸象

@落落，相親結婚 3 年

隨著年齡的增長，家裡一直催著我結婚，相親了一場又一場，最後實在疲憊不已，便和感覺條件差不多的現任老公結婚了。

如今結婚三年了，有了一個女兒，每一天我都過得不如意。

當初，我沒想太多，感覺對方脾氣性格不錯就交往了。到現在我才明白，我還是該了解清楚對方的興趣愛好，才能和他走進婚姻的。

就像我老公，他們全家都喜歡打麻將，在手機上打、聚會的時候一起打，一打就能打上一整天。而我對麻將一竅不通。

所以我們在家的時候就是各玩各的，沒什麼交流。我感覺才過兩年多，這樣的婚姻生活就讓我十分厭倦了。我渾渾噩噩地度過每一天，真的就是看在女兒的份上在熬著。

所以，相親的時候一定要了解清楚對方的興趣愛好，這關係到婚後你們是否能愉快地交流，是否有共同話題。

@夕夕，相親結婚10年

我父母一直希望我能找一個本地人嫁了，這樣最起碼逢年過節的時候不用分居兩地。

然後，我透過交友軟體加入了家鄉的群組，認識了我現在的老公。我們平常在群組裡聊得不錯，私下見面後對彼此都有好感，在了解了各自的條件和性格後決定交往看看。

和他在一起相處的一年時間裡，我們沒有因為生活的瑣事吵過架。我也從不矯情、挑事，不是那種動不動就問「你愛不愛我？」或者翻他手機的人，也保持著花自己的錢的原則。

在這一年裡，他對我很用心，過節會送禮物、發紅包，我說什麼他都照辦，什麼事情都很尊重我。就這樣，我們在年底結婚了。我一直都在憧憬著未來，想和他有一個孩子，有空的時候全家一起出去旅行這類的。

然而就在結婚半年後，他告訴我他婚前因為在網路上賭博欠下了260萬元的債務，8張信用卡都被刷爆了。在老家市區裡買的房子還有90多萬的貸款沒有還，他家裡外債也有40多萬，加起來居然有快400萬的債務。

我聽到這裡，真的感覺天都要塌下來了。這筆錢對於我們這種小城市裡的人來說，簡直就是鉅款。

因為這個人對我很好，我想著還是繼續跟他在一起，一起還債，這之後幾年我們的生活都很拮据。好在我老公他自己爭氣，沒有自甘墮落，花了六年的時間終於把「大窟窿」補上了。

一年前日子平穩些了我們才敢生孩子。結果最近，我發現老公又在網路上賭博了，不知道以後又要面臨什麼事……

相親是冷暖自知

@小茹，相親結婚 5 年

很久以前，我曾經聽過一個說法，說相親是所有男女婚戀方式中結婚率最低、離婚率最高的。但就我看到和聽說的，相親最後成功的確實不多，但離婚的幾乎沒有。

我爸把以前一起在工廠裡幹活的兄弟兒子介紹給我的時候，我心裡很怕自己是相親不成功的那批人，好在現在我過得很幸福。

結婚五年了，過年那段時間疫情鬧得比較凶，朋友群組裡都在分享「一個女人因為老公藏起口罩而決定離婚」，我看著也是氣憤難當，就隨手留下了幾句評論。結果當天回家，我發現我老公將他公司剛剛發的兩個口罩中的一個放到了我的枕邊。

我之前看某品牌官網有活動，就順手買了一個刮鬍刀給他。他樂得蹦蹦跳跳的，把這個小禮物放進他用來放貴重物品的抽屜裡。前幾天，天氣變化比較大，我有點感冒，晚上吃過藥後睡下，一直出汗，感覺很不舒服。只要我一有動作他就會問我：「哪裡不舒服？要衛生紙嗎？」他還會時不時伸手摸摸我的額頭檢查溫度。第二天上班後，他也是每隔三個小時都會從公司打電話來詢問我「有好點了嗎」。

我覺得自己很幸運，相親遇見了這麼好的男人。

@淑敏，相親結婚 20 年

我是 27 歲相親時認識了現在的老公。我們那個時候不像現在有什麼交友軟體，基本上都是左鄰右舍的親屬朋友介紹認識的。彼此什麼家庭條件都知根知底，起碼不需要擔心兩個家庭有什麼大問題。

我們第一次見面就在一個小餐廳裡，他話不多，但人很細心，很快就發現了我不能吃辣，讓廚房又加了一道菜。

多次相處下來，我發現他雖然為人木訥，但溫柔細心。沒多久我們便登記結婚了。

結婚後我就沒有出去工作，還喜歡買東西，尤其愛吃東西。孩子剛出生的時候，我連抱都不會，三個月沒有幫孩子換過尿布，孩子一哭我就只會喊人。每次晚上孩子餓了、拉肚子了，都是老公起來哄的，後來我才慢慢學著弄這些。

如果說一定要挑出他什麼毛病的話，那就是情商比較低。不過要是他能說會道，說不定也輪不到我了。

結婚 20 年，我們都變老了，孩子也長大了，雖然生活中偶爾也會有矛盾、爭吵以及第三者的潛在威脅，但總體來說，我過得很幸福、很知足。

準備相親時，一定要清楚的兩件事

相親只是一個認識新人的途徑，本質上跟校園聯誼、朋友介紹、社交軟體是一樣的，都是為了尋找愛情，只是目的性更強一些 —— 大家抱著共同的期盼，希望能走進婚姻。

因為相親到結婚的步驟大致如下：相親，判斷是否值得交往，判斷是否適合結婚。

當你準備相親時，你一定要清楚這兩件事。

首先，其實你自己也明白，兩個人之間沒有什麼感情基礎，那麼新鮮感消失得也會更快。

如果兩個人不是一見鍾情，天雷勾地火，那麼建立親密關係的動機，可能就是為了獲得與無聊日常生活不同的新奇體驗。簡單來說，就是想找個人一起玩，一起開心，一起尋找正能量。

一開始就平平淡淡的感情，在戀愛之後，往往你會感覺生活還是和原來自己一個人時一樣索然無味，而且你們還要互相負擔對方的情緒。這時，你們就容易對這段感情產生懷疑，進而對相親這種方式產生懷疑。

維繫一段親密關係確實需要較強的動力。當然，之所以感覺這段戀愛很無趣，很可能是因為你們本來就不適合，或者你們都沒有把自己的戀愛動機調整到最高。

所以，在相親之前，你一定要做好你們的感情可能會很平淡的準備，更要克服一旦與自己想像不同就立刻打退堂鼓而不努力嘗試的這種「消極心理」。

其次，你要清楚，你是只想敷衍地完成「結婚」，還是為了愛情。

很多人覺得，自己跟誰結婚並不重要，覺得條件合適就可以登記、辦婚禮。然而，婚姻形成的條件絕不僅僅是外在的匹配，大部分也是需要前期去培養感情的。

所以，不要設限自己，相親是讓自己多了一條認識異性的路徑，這條路的終點是否幸福在於自身的衡量。

有些人，無論跟誰在一起，絕大機率都會獲得幸福。有些人，跟誰在一起，絕大機率都不會幸福。

婚姻是需要經營的，要以真心換真心，我們需要有讓自己和讓對方幸福的能力。

為什麼老公都怕「談一談」

文／Miss 柳

當你在婚姻中遇到問題時，你會如何處理？

90%以上的女人都會對老公說：「我想和你談一談。」

不過，很少有人能談出滿意的結果。於是，最後溝通演變成吵架、冷戰的比比皆是。

這是因為，男人一般都不願意好好配合。

為什麼男人不肯「談一談」

「談有什麼用？」

大李承認，他的婚姻肯定有問題。

最近三四年裡，他們夫妻兩個人除了孩子的事情，沒有任何其他的共同話題，要麼各做各的事情，家裡一片死寂，要麼就乾脆吵起架來。

但是談又有什麼用呢？上次不就是因為妻子要談一談，結果兩個人說著說著就變成了吵架，之後又演變成冷戰，好幾個月都沒有緩過來。

妻子一氣之下回了娘家，他帶著兒子去接，還被岳父、岳母、小舅子一陣指責。

這「談一談」的代價，也太大了。

大李不知道問題到底出在哪裡。他一沒出軌，二沒家暴，每個月的薪資都如數交出，也沒有不良嗜好，除了偶爾應酬喝個酒，平時連菸都已經戒掉了。

但也不知道為什麼，妻子永遠都能挑出他的不是來。現在的生活就是柴米油鹽，沒意思透了。

反正談也談不妥，惹不起，那還躲不起嗎？

「根本沒問題，她就是找碴！」

剛登記半年的阿鏡抱怨道，老婆就是個找碴小專家。

他吃完飯沒有立刻去洗碗，老婆要找他談話，說他大男子主義，不做家務；他沒有把內褲裝進洗衣袋裡洗，老婆要找他談話，說他衛生習慣太差，不健康；他週六熬夜多打兩局遊戲，老婆要找他談話，說他正事不做，沒有責任心，以後無法做孩子的榜樣。

阿鏡感覺自己簡直就像回到了小學時候，被班主任訓話的時光。阿鏡認為，他婚姻裡所有的問題，都是被老婆一手「創造」出來，並且無限放大的。

而在老婆眼裡，阿鏡幼稚、沒有責任心、溝通理解力差，簡直一無是處。

所以，他們始終沒有成功地「談」過一次，而婚姻生活也從新婚時的如膠似漆，淪落到現在瀕臨離婚的狀態。

「談也解決不了問題。」

瑤瑤的老公去年出軌，被她抓了現行。

老公道歉了，悔過了，還寫了保證書，保證以後回歸家庭，一心一意。

老公回歸之後，瑤瑤總覺得哪裡不對勁。她倒也沒有發現老公和第三者藕斷絲連，但婚姻關係突然變得冷淡而尷尬。

兩個人在人前偶爾還會秀個恩愛，私下裡就冷淡客氣到像剛認識的陌生人一樣。

每當瑤瑤試圖和老公談一談，找出問題的根源時，老公都會立刻退避三舍：「我都已經保證不再犯了，妳還要我怎樣？」

他也不是不知道婚姻有問題，但這個問題若要解決，好像又太麻煩了。有必要折騰嗎？

總之，他一點也不想把之前那些尷尬的事情再翻出來說一遍，懺悔一遍。

問題是，他如果不肯談，瑤瑤一生氣，就會忍不住把舊事翻出來，再和他理論一番。

兩個人就這樣相互耗著，誰看誰都不順眼。

「不是都已經談過了嗎？」

小於就是弄不明白，為什麼他的老婆總是哪壺不開提哪壺。

比如之前坐月子，婆媳之間因為育兒觀念問題鬧了一點不愉快，他沒有第一時間選對邊，就被嘮叨到了現在。

現在，老婆動輒就是：「關於我跟你媽之間的相處問題，我們談一談吧。」

兩人也不是沒有談過，但老婆一談就談得聲淚俱下，最後的落腳點永遠是「你們一家人合夥起來欺負我」。

而且，一旦觸及這個問題，老婆就變得很難哄，非要把他折騰得脫幾層皮才罷休。

有好多次，老婆半夜把他搖醒，說是要敞開心扉談一談，完全不顧及他第二天還得早起上班。

小於覺得，既然談不出個結果，那還不如別談，省得又鬧出其他的事端來。

婚姻出現問題時，男人到底是怎麼想的

對於絕大多數男人來說，好的婚姻關係其實很簡單 ——兩個人相互看得順眼，能一起吃，一起睡，一起聊，就可以了。

因為要求比較簡單，所以他們對於婚姻問題的感知能力就沒有女人那麼敏銳。

當女人已經覺得婚姻瀕臨破碎時，男人可能還覺得自己對婚姻關係的滿意度達到 80%以上。

所以，當妳對妳的老公說「我想和你談談」時，他的第一反應通常是有點傻住。妳所認為的問題，他十有八九並沒有感受到。

就像阿鏡，他並不覺得那些生活小事有必要「談談」。

另一種更常見的情況是，老公們害怕遭到妻子的指責，不願意直接面對妻子的不滿。

相比於女人，男人的自我保護機制更強大，也更不擅長真實袒露自己。他們以逃避的方式來處理問題，好像只要自己沒有看到，問題就不存在。

尤其是當他們自己也覺得內疚或心虛時，反而更不願意把傷疤揭開，而是竭盡全力地試圖維護表面上的和平與穩定。

他們最經典的一句臺詞就是：「現在不是好好的嗎？」

對於大李、小於，以及瑤瑤的老公來說，「談談」意味著情況有可能失控，掀起不愉快的波瀾。一想到失控之後將會造成的情緒和精力的消耗，他們寧可保持目前的沉默狀態，裝聾作啞，也不願意冒險。

女人如何輕鬆有效地搞定婚姻問題

但對於女人來說，男人的逃避、退縮，往往會觸發其內在的傷痛感：「他為什麼這樣對我？我就這麼不值得被好好對待嗎？」

於是，女人會嘗試用各種方法打破沉默，開啟男人那個堅硬的外殼，希望對方至少給自己一個訊號，讓她覺得自己是被愛、被在乎的。

可惜，妳越用力，對方縮得就越深，逃得就越快。

來訪者小冉告訴我，為了能夠迅速高效地跟老公溝通，她甚至會事先列好大綱，想要在對方啟動逃避機制之前，迅速丟擲重磅級的問題，把他「抓」住，逼他面對。

後來，老公一回家就趕緊把自己關進書房裡，說要加班。許多婚姻，都毀於用力過猛的溝通。

那麼，當伴侶逃避的時候，女人怎樣才能更輕鬆地搞定婚姻問題，並且讓自己保持舒緩的心情呢？

首先，妳要優先照顧好自己的身心感受，不要試圖做一個完美的妻子。

妳之所以著急地想讓對方回應，其實就是因為內心沒有那麼認同和接納自己，沒有先提供自己充足的愛。

學會接納自己的情緒，這樣才能為自己和對方創造一個相對寬鬆、舒適的溝通氛圍。

其次，多給對方一點空間。

提出妳的核心訴求之後，不要急於催促對方回應，更不要攻擊對方，而是可以先放一放，讓對方有時間覺察和自省。

小冉在屢次溝通無果之後，學會了為老公留餘地。她對老公說：

「我的想法已經說完啦，不過你不用急著現在就回應我。」然後，她就打扮得漂漂亮亮，約好友出去喝下午茶了。

這樣多次下來，老公反而開始很主動地找她聊自己的想法，兩人的關係也輕鬆、真誠了很多。

親密關係中的溝通，有點像商業談判。忍不住的那一方，注定會輸得很慘。而妳越是從容不迫、內心穩定，越是能夠拿到主動權。

第四章

自我療癒：
如何走出傷痛，找到更好的自己

被騙當第三者的我，以這樣的方式獲得了重生

文／蘇木

我叫蘇木，32 歲，工作體面。我的性格樂觀開朗，對生活有規畫，嚮往自由，曾經還有個可以稱之為「靈魂伴侶」的男朋友，萬萬沒想到的是，就是這個溫文爾雅、我以為是摯愛的人，帶給了我致命打擊。

始於一次和諧的醫患關係

我和他的開始，始於一次溫暖的幫助。

有段時間我的身體狀況不是很好，去醫院複查時，一時迷了路。正當我一籌莫展之時，突然一個好聽的聲音在我耳邊響起：「需要幫忙嗎？」

我轉過身，映入眼簾的是一個高高的，有點壯，但很白淨的年輕男醫生，他引導我找到了做相關身體檢查的地方，還寫了聯繫方式塞給我，並告訴我他是這裡的培訓住院醫師，有問題可以儘管問他，就急匆匆地走了。

就在我快要忘記這件事情的時候，我收到一條詢問複查結果的訊息，才想起是他。

之後我們偶爾會聊天，一來一往地熟絡了起來，我知道他是某沿海城市人，學骨外科的博士生，對自己的專業和職業有信仰，話不多，談起工作來眼裡會有光。

他自信、陽光、沉穩卻又不失孩子氣，話少，卻能極其專注而耐心地聽我說話。

我會講一些工作中的不如意，他會開導我，然後提供一些建議給我。我會講生活中搞笑的事情，他也會很有默契地跟著開懷大笑。雖然過了被荷爾蒙操控的年齡，但我慢慢被這些細碎的小事打動了，半年左右我們很自然地在一起了。

平時我會忙自己的工作，他每天也忙著做實驗、做手術、值班、接急診。週末我們會約一起吃飯、看電影，或者一起泡圖書館查資料，生活過得簡單而充實。

我們屬於非典型的姐弟戀。我比他大四歲，但在感情裡，我更像個孩子。我生起氣來會冷戰，他會買我喜歡吃的蛋糕給我；他也會在我生病時，值完夜班後守候在我身邊二十四小時；他還會在節日時買幼稚卻可愛的玩具禮物給我。

原生家庭缺愛的我，很難信任別人的我，漸漸地打開心房，並篤定地相信了這就是我想要的愛情。

即便後面的事情是那麼的「狗血」，我至今仍覺得，我們在一起的日子是真實的、純粹的、浪漫的、溫暖的。

突如其來的「狗血」劇情

平淡而不失浪漫地度過了兩年多，我們迎來了他的畢業。

他是家中獨子，決定回到家鄉，我想，愛一個人是需要犧牲和付出的，即便放棄自己如日中天的事業。於是我開始瞞著他向他家鄉的公司投遞履歷。

當我沉浸在愛情的美好中時，突然有個女孩加了我的通訊軟體。加入後，女孩開門見山說自己是他的女朋友，他們在一起四年多了。彷彿一個晴天霹靂，我的大腦一片空白，我沒有回覆那個女孩，而是打了電話給他，平靜地問他：「是真的嗎？」

沉默了良久，他說：「是真的，對不起。」還說自己兩邊都放不下。

那一刻，我感覺世界都崩塌了。我以為他療癒了我原生家庭的傷害，沒想到他卻在那一瞬間把我推向了更加黑暗的深淵。

原本以為是圓滿的愛情，居然是建立在對另一個女孩情感傷害上的笑話。我感覺自己的智商受到了侮辱，尊嚴遭到了踐踏。

那個時候我幾乎完全崩潰了，情緒極端，想要跟他同歸於盡，玉石俱焚，覺得自己的人生已然徹底失敗。我把自己關了起來，很長一段時間，都無法正常進食，並且長時間失眠，體重也跌到了歷史最低值。看著窗外，我甚至想到了死亡⋯⋯

突然有一天早上，我看到了窗簾縫隙中的一絲陽光，覺得自己還年輕，還有愛自己的父母家人、鍾愛的事業，只是遇到了一段失敗的感情，何況自己沒有做錯什麼。

隨後我撥了電話給他，約他出來聊聊。他講了他這幾年的心路歷程，看著他那張曾經熟悉的臉，我突然覺得好陌生。原本我覺得我對他很了解，沒想到還有這麼多我不了解的事情。

人性真是深不可測。

跟他分別後，我封鎖了他所有的聯繫方式，開始了自己的療傷之旅。

我去了一直想和他一起去卻沒來得及去的地方旅行，見到了不同的人和風景，洞悉了自己的渺小。

我去大學上了一直耽擱的課程，身邊的學弟學妹都很年輕，陽光而活力十足，我感受到了生命的靈動。

我去健身房跟男人們一起做重訓，明白了原來不是只有愛情才能分泌多巴胺。

遭遇情感傷害後的自我成長

在自我療癒的這六個月中，我總結了如下經驗與大家分享。

(1) 在最初的情緒波動期，接納自己所有的情緒，用相對健康的方式去宣洩情緒。

(2) 情緒緩和期，正視情緒，要勇敢地獨自去面對已經發生的事實，反思和總結。

(3) 法律和道德都沒辦法維護自己的時候，先放過自己。

(4) 我參加了自己感興趣的各類活動，讀了很多好書，看了很多很棒的電影，而且在這個過程中認識了很多學識淵博、熱愛生活的朋友。

那段黑暗的日子多虧了朋友的陪伴，我才能更快地回到自己熱愛的生活中。

寫下這篇文字時，離「狗血」的往事，已經過去六個月了。我感覺自己又慢慢地活過來了，重新成為那個熱愛生活、樂觀豁達的女人，而且比過去更多了份深刻的人生經歷。

在通往 33 歲的路上，我依然相信愛情，依然相信美好的發生。

復婚這條路，到底是重蹈覆轍還是失而復得

文／Ditto

01

提起「復婚」，有人的第一反應是重蹈覆轍，有人則感覺是失而復得。

其實，有時候重蹈覆轍和失而復得，往往只是一念之間。

人生不可能是完美的，但人生的意義就是把不完美的事情不斷修正到更好。

犯錯從來都不是最可怕的，對犯過的錯誤沒有正確認知才是。

02

@S 先生，30 歲

我和老婆戀愛 13 年，結婚 6 年。可以說我這輩子從沒想過

和除了她以外的女人一起生活，然而我們卻在去年離婚了。

理由很無奈，就是這個世界上最愛我的兩個女人水火不容。有時候人和人在一起的磁場真的是很奇怪。我老婆溫柔體貼，我媽媽細心能幹。按說這兩個性格、脾氣都很好的人，相處起來應該沒什麼問題啊，但我確實低估了婆媳關係的複雜程度。

沒孩子前還好說，即使有點小摩擦，我在中間調和一下也就過去了。但自從有了孩子，我媽過來幫我們帶孩子，平時那些只能在新聞上看見的事件都真實地發生在我家了……而且幾乎每天都不重複，舊的矛盾還沒解決，新的問題就又來了。

孩子出門穿幾件衣服要吵，餵飯能不能直接用嘴吹要吵，孩子晚上跟誰睡要吵，該報多少個課外活動也要吵……家裡整個就是烏煙瘴氣。

後來我越來越不愛回家，兩人最終矛盾加劇，老婆帶著孩子回了娘家，並發來了離婚協議書。

簽字離婚，一週完成了。

離婚的前兩週，家裡是真的清淨，我媽不用看孩子，回自己家了。兩週後的我，聽著孩子在電話那頭叫我爸爸，心都要碎了。

我開始反思，是不是因為我作為一個丈夫和一個兒子，沒發揮我應有的作用，才導致整個家庭支離破碎？

我開始嘗試溝通，發現我媽那邊開始說小玉（前妻）是個挺好的孩子，都怪我啊！前妻那邊也說，我跟你媽其實沒有多大的矛盾，都是為了孩子好，但她有的教育理念我是真的不太認同！

後來我去看我媽，去我前妻那看孩子，我都會帶點禮物。比如去我媽家，我會帶一個頸部按摩器，就說是小玉替她媽媽買的，要我也帶一個給妳。去我前妻那，我就帶幾件孩子的新衣服，還有一套女用真蠶絲睡衣，我就說是我媽要我買給妳和孩子的。

這麼一來一往，我發現她們的態度都開始有所改變，總問我關於對方的近況。後來我媽說想孩子，我藉機把前妻接回家了，那天氣氛竟然很和諧。

我媽那晚跟我說，你們能復婚就復婚吧，我只要求週末能看到孩子就行，平時你們需要我我就去，其他時間你們找保母吧，我就不跟你們摻和著過日子了。

我把這話轉述給前妻，她竟然哭了……

後來我們就去復婚了。我媽現在一週來家裡兩次，我老婆每次在我媽來的時候，都會買好多進口的水果讓我媽拿回家去吃，要她別捨不得。

一個男人最大的欣慰也不過如此了吧。

@L 先生，36 歲

我和老婆是在校友會上認識的，我對她一見鍾情，結婚八年了，我對她一直很疼愛。可她這個人有個毛病，就是非常疑神疑鬼，算是個極度沒有安全感的人。

剛開始結婚那幾年，新婚嘛，我還能忍。但後面越來越嚴重，和同事的任何聚會她都要跟著；只要她在我身邊，我所有的電話和語音訊息都要放出來讓她聽到；只要我身邊出現女同事或者女客戶，她整個人立刻就緊張起來，然後總要把這個人的資訊打破砂鍋問個底。後來我真的累了，溝通無效後，我們開始冷戰，分居。最後她心灰意冷提出離婚，我獨自搬出去住了。

離婚後的日子怎麼說呢，自由是自由了，但沒了家的熱鬧，總感覺日子缺了點什麼。但當時我想，那種每天像是被當成犯人審訊的日子，我再也不想過了。

後來的某一天，我還像之前那樣看前妻的社群媒體帳號時，發現她一直點讚一個帳號，我點進去看了半天，發現那是她的小號。裡面像日記那樣，記錄了我們兩個人從談戀愛一直到婚後的一些幸福時刻，有我們戀愛時甜蜜的小細節，有我向她求婚那晚她激動的心情⋯⋯當然還記錄了後來我對她的不耐煩和冷漠，讓她心碎。

後面還有她寫自己小時候的一段經歷。她的媽媽曾經帶著她去堵她的爸爸和第三者，這讓她對感情這件事有了陰影，非常恐懼被背叛。這件事她從來沒有對我說過，我瞬間理解了她的那些行為。那晚我一夜沒睡，天亮後我發了一段很長的訊息給她。我說之前是我忽略了妳的感受，妳是因為愛我才會害怕失去我，而我也愛妳，我願意以後給妳足夠的安全感，我們復婚吧。

現在我們復婚七個月了，我會跟她主動聊起公司的事，還有我們共同的朋友，不再像以前那樣懶得解釋。她也改變了很多，不再那麼敏感，開始專注自己的事，話說最近她就愛上了做甜品。

說實話，我們現在的感情甚至比之前更好了。我覺得是因為了解了，所以珍惜了。

@D 先生，45 歲

疫情期間，孩子在家庭群組裡發了數張我前妻做飯的照片。離婚快兩年了，我也就每年春節回去和孩子聚一下。這次孩子發的照片，是她們在家裡研究廚藝。兩人玩得很開心，只是放大照片後，我發現前妻的白頭髮好像又多了，影片裡的她也顯得沒有以前那麼雷厲風行了，動作變得比之前慢多了。

我們是相親認識的，兩家父母本身關係也不錯，於是我們順理成章地就結婚了。

她注重養生，還有潔癖。結婚二十多年，我每天被她管著抽菸喝酒，恨不得精確到一天幾根菸，一個月喝酒不能超過五次，還都幫我算清楚，還有晚餐必須喝一碗粥，以及只要從衣櫃裡拿出來的衣服，就算不穿，也要洗了才能放回去。

我當時真的受夠了，孩子一考完升學考試，我們就去辦了離婚手續。疫情這段時間，看了那麼多不能和家人團聚甚至失去至親的人的痛苦經歷，我突然發現我們之前的吵鬧、指責瞬間不值得一提了。我想起孩子升學考試那年，下雨天我為孩子送飯時摔倒腿骨折，在床上躺了一個多月。那一個多月她每天為我煲湯，為孩子做三餐，自己還要上班。

還有一件事，我姐夫有一年投資被騙了 300 多萬，我姐幾乎崩潰，前妻主動跟我提出從家裡拿出 60 萬讓我姐救急，不要讓一個家破碎了。

類似的事情一件件湧現在我的腦海裡，我突然意識到，原來是我們一直把注意力放在了那些瑣碎的爭吵中，而忽視了家的愛和溫暖。

後來我在群組裡回了一句：「新燉的排骨還有爸爸的份嗎？」

孩子回：「有！」前妻也回了一個笑臉的表情。

上個月復工後，我們做的第一件事就是去戶政事務所復婚了。又「結了一次婚」，我也終於體會到了那句話：老伴，老伴，老來相伴。

03

面對婚姻危機，我們該如何應對？

1. 及時溝通

S 先生對於婆媳關係的做法非常值得借鑑，但如果一開始他能和妻子及時溝通，恐怕也不至於走到離婚那一步。

我們大部分人在婚姻中遇到問題時，第一反應總是逃避。要麼嫌麻煩，要麼覺得自己解決不了。多少人的婚姻都是這樣走散的。再美好的婚姻生活也有它的問題。有人抱怨生活的難題好多啊，但我們只要培養解決問題的能力，積極地去面對，那生活回報我們的，也一定是正向的回饋。

2. 懂得包容

一個人的原生家庭對他的影響到底有多大，眾說紛紜。毋庸置疑的是，L 先生的妻子童年時爸爸出軌的經歷確實帶給她不小的負面影響，已經直接影響到她後來的婚戀觀念和婚姻生活了。

幸運的是，L 先生在離婚後，還在關注前妻的動態，並了解到了那段妻子不想說出的經歷。

走入婚姻中的兩個人，肯定有互相吸引的地方，但更多的是，我們要包容對方和自己不一樣的地方。出現了對方讓自己難以忍受的問題時，要麼去包容，要麼去了解其根源。

如果 L 先生在一開始就對妻子耐心一些，引導對方說出自己的真實想法，讓妻子感受到自己被關注、被重視，那當初可能就走不到離婚這一步了。

3. 學會留意

疫情暴發後，多少人開始洗版「珍惜眼前人」，洗完後，可能又拋在腦後了。

結婚二十多年的 D 先生，在被嘮叨了那麼多年後，可能已經忽視了妻子這麼多年對家庭的付出，離婚後才開始慢慢認識到只有家人才會這樣關心自己，哪怕看上去有點嚴苛，可是你看到的，卻永遠只是她在管教你。

女人希望男人少抽菸，男人希望女人少嘮叨，這看起來是永遠無法解決的問題。可是大家似乎都在糾結於我要「徹底」改掉他（她）的毛病，但徹底改變一個人，有可能嗎？

人與人之間的相處方式從來都是求同存異，而不是「改造」。多留意親人一點一滴的付出，這樣當你發現對方的一些小毛病時，你也不至於避重就輕，產生諸多埋怨。多把目光放在對方的優點上，那些不重要的細節才不會吞噬幸福。

寫在最後

婚姻是我們一生都在學習的一門學科。我們有幸與自己愛的人進入婚姻，但之後會經歷各種難題、考驗，還有未知的突發事件，多少人因為衝動和沒有自信解決問題而放棄，但是放棄永遠不等於解決問題。

你對婚姻的態度以及你對婚姻問題的認知能力，決定了你的婚姻生活的走向。

這三個復婚後「失而復得」的真實案例想告訴你的是：追回幸福是需要行動的。婚姻中犯過的錯，最後是變成你的傷疤，還是變成婚姻關係更堅固的基石，都取決於你自己。

給已婚女人和未婚女人的六條婚姻建議

文／ Ditto

01

寫在前面

若妳被這個標題吸引住，那你一定對如何經營婚姻這個話題感興趣，並且願意為此付出努力。

我們肯定都聽過很多幸福的婚姻故事，但一定沒聽過：婚姻很簡單，婚姻不需要經營。

婚姻真的是需要好好經營的。

但不論我告訴妳多少關於經營婚姻的「實用知識」、「幸福祕訣」，生活都是需要你去感受和體驗的，因為如果妳沒有自己的感悟和真正的行動，那妳就永遠都只能停留在「我想想」的層面。

婚姻如此，生活的其他方面也如此。

02

走進婚姻生活後，怎麼一切都和我想的不一樣？

問題 1：老公沒有戀愛時對我好了

「戀愛時我們可好了，恨不得天天見，每次見面後都難分難捨。我以為結婚了，我們就能一直開心地在一起了，沒想到他天天下班就是玩遊戲、看影片，也不愛帶我出去玩了。男人結婚後就會變，這難道真的是不變的定律？」

解決方案

多少人被那些可怕的「潛意識」影響了，比如：「男人結婚後肯定不會對妳好了。」、「珍惜戀愛的時光吧，因為結婚後，男人一得到妳立刻就失去耐心了！」

我想試問一下，如果剛結婚時妳就帶著這種想法去生活，那妳們的日子能過好嗎？

戀愛和婚姻本身就不是一回事，妳把戀愛當成結婚談，或者把結婚的日子當作戀愛過，注定是會失望的。因為萬物都有它本身的規律，混為一談的後果只能是越過越亂。

老公一回家就玩遊戲，妳可以和他溝通，問他是因為工作太累還是壓力大，怎麼不愛帶妳出去玩了呢？如果這本來就是他的一個愛好，妳是不是也可以嘗試理解，然後培養自己的愛好呢？比如他玩遊戲的時候，妳看穿搭影片。他玩遊戲結束了，妳也看完了，再一起去吃飯。

我們和愛的人進入婚姻後，就要一起攜手解決生活中的各種問題，然後一起享受快樂，而不是每天活在焦慮中，去證實那些還沒發生的「定律」。

問題 2：老公說我婚後就別工作了，我該聽嗎？

「我老公這兩年生意做得不錯，我們一結婚他就跟我說要我辭掉工作，專心在家帶孩子，陪長輩。我動搖了，公司每天一堆雜事，賺的錢還只是我老公的零頭，但看到網路上那些為了家庭放棄事業的妻子們，後來的婚姻大多都出現了問題，在家裡漸漸沒有了發言權。於是我又猶豫了。」

解決方案

簡單直接地告訴妳：妳的猶豫是對的。

其實這個話題已經被大家討論得夠多了，其中的弊端我就不過多贅述了，只想再強調一句：妳不僅僅在婚後生活階段不能放棄自己的工作，工作就是妳的社會價值，生活中的每個階段妳都不應該放棄它。

有人可能會舉那些家庭主婦做得很成功的個例，但大家一定聽過那句話：這個世界上最難的職業，就是做一個家庭主婦。

如果一個女人，家庭主婦做得如此成功，把家裡的一切安排妥當的同時，還不忘提升個人魅力，那她自身的能力，也絕不僅僅局限於這一個家庭中。

問題 3：總擔心老公出軌怎麼辦？

「我身邊的幾個姐妹都遭遇過被老公背叛的事，我有時也不禁往自己身上聯想，要是這事發生在自己身上怎麼辦啊？想多了之後就發現我整個人越來越敏感，老是想檢查我老公的手機……」

解決方案

如果一個人整天活在患得患失的狀態中，那不管原本多麼美好的生活，最後恐怕都很難如願。

我常說一句話：人要有隨時面對和處理危機的意識和能力，但要懷著美好的希望去生活。

每個人的生活都有出現危機的可能性，但這並不意味著我們每天都要以警惕的狀態去過日子，那樣未免也太累了。

妳越擔心另一半會出軌，越代表妳不夠有自信。當一個人內心足夠強大，並且懂得不斷提升自己在一段感情中的價值時，她是難以被外界的負面資訊所干擾的。

問題 4：老婆總管我，我一點自由都沒有！

「結婚後老婆天天管著我，我做什麼她都看不順眼！幾乎我的每件事她都要參與，還說這是愛我！我真的快瘋了！」

解決方案

這裡妻子說的愛你，我是相信的，我覺得你應該也是相信的。但你說自己快要瘋了，我也能理解。這就要說到親密關係的空間感和相互理解的問題了。

女人相較於男人，天生敏感細心一些。很多女人對另一半的體貼鉅細靡遺，但時間久了，也要看另一半是否真的需要和接受。如果不給對方需要的空間，難免會讓對方不舒服，喘不過氣。所以女人也要經常審視自己的「愛意」。

但作為男人，你也應該盡量去理解妻子的這種行為，可以在表達理解的基礎上，嘗試去溝通問題。一切良好關係的基礎一定缺少不了良好的溝通。

問題 5：老婆經常拿我和別人比，我聽了不太開心

「我和老婆的月薪加起來約 66,000 元，在當地算可以了，日子過得也比較滋潤。但老婆經常抱怨，還總是拿別人舉例，說誰家又開了店，要不就是哪個好友的老公又投資了什麼計畫，大賺了一筆。」

解決方案

我想對這種妻子說，其實每個家庭的真實情況妳都不清楚，也許妳看到的只是別人家總能賺大錢，但也許別人也在羨慕妳們一家三口每天都能在一起吃晚餐。妳可以和老公一起規劃未來，但不要一味地抱怨，這樣很傷丈夫的自尊心，還會影響家庭的和氣。

問題 6：我離過婚，總覺得說出來挺丟人的

「我當時年紀輕輕就結婚了，沒考慮清楚，後來離婚了，突然覺得人生無望了，感覺人生有了汙點，不知道該怎麼繼續追求愛情了。」

解決方案

離過婚，就沒有幸福的權利了？

如果一段感情或一段婚姻的成敗對妳如此重要，甚至嚴重影響到了妳的正常生活，那我反倒認為妳可能還不適合進入下一段感情。妳要想明白一點，那就是一段感情或者婚姻經歷，也僅僅是妳人生的一段經歷而已，它與其他經歷一樣，都有失敗的可能性。不管經歷任何一段的失敗，妳都不需要全盤否定自己。

03

寫在最後

希望看到這裡的妳，不論現在的婚姻狀態是如何，未婚、已婚或者離婚，都能明白一點：

一段親密關係的經營並不是妳看了幾篇文章，收藏了幾個「幸福婚姻法則」，就能一勞永逸的。凡事的成功都需要一個人的用心，婚姻更是如此。

一段好的婚姻讓人如沐春風，其實不過是需要妳在日常生活細節上稍加注意，不要把日子過得「太任性」。

最後，願我們都能幸福。

離婚變得很輕易？一個你必須克服的離婚恐懼

文／郭友強

某個週末，好友甜甜突然聯繫我，說想和我這個學心理學的聊聊天。

直覺告訴我，她可能是感情上出現了狀況。

我們約好在一家咖啡廳見面。剛坐下不久，她就眼睛紅紅地告訴我：「我上個月剛離婚了。」

「最近我過得很不好，每天都胡思亂想，看到他現在像個陌生人一樣對我不管不顧，我就常常回憶起以前那些幸福的日子。我罵他，也罵我自己，到底是怎麼了，非要鬧到離婚。」

「我現在每天都很難過，很煎熬，我該怎麼辦？這樣的生活讓我每一天都過得很辛苦。我現在是不是有了什麼心理問題？我該怎麼辦啊？」

我靜靜地聽她說完，又詢問了一些其他的資訊。

我說：「別那麼著急著開心起來，現在的難過也不一定是壞事。」甜甜聽我這麼一說，好像有點傻住，愣愣地看著我發呆。

為什麼人在離婚後總是糾結那麼多？因為恐懼。

我們恐懼的是什麼呢？是毀滅性的焦慮。

從關係中分離回到一個人，這種感覺熟悉且難受

當孩子逐漸長大，開始建立依戀關係時，他們會很黏著媽媽，就像跟屁蟲一樣，害怕跟媽媽分離。

在這個階段裡，如果母嬰關係不穩定，比如媽媽可能由於工作的原因，總是在孩子的世界中突然消失，孩子的內心便會總是忐忑不安。這種焦慮便是分離焦慮。

成年後，只要面對人生的分離場景，他就會被拉回小時候那種媽媽突然消失，自己無論怎麼哭喊也沒有回應的噩夢中。

而人生重大的分離，莫過於離婚。

甜甜便是從小飽受這種分離焦慮困擾的人。

小時候，甜甜的爸爸在很遠的地方工作，一年只有春節才能回來，媽媽為了貼補家用，下午經常外出做一些臨時工作。

甜甜不願意媽媽離開，總是哭鬧著不讓媽媽走。為了避免這種情況，媽媽總是趁著甜甜睡著時，悄悄地出去，然後把門鎖好。

於是對於甜甜來說，她不得不經常面對的一個情況就是，睡醒了，卻發現只有自己一個人在家裡，無論怎麼哭鬧，也沒有一點回應。

結婚後，這種童年的經歷仍然在影響著甜甜。她對老公控制得很嚴格，生怕老公出現一點要離開自己的跡象，還時常設計各種考驗給老公，來驗證老公對自己的心。

只有做足了這些功課，她心裡才稍稍踏實一些。

但是，她卻忽視了老公也是一個活生生的人，他也有自己的想法和需求。每天被監視，有什麼活動都需要彙報，還經常需要面對伴侶無理取鬧式的考驗，時間一長，他發現婚姻只會讓自己身心俱疲，於是堅決地選擇了離婚。

甜甜也不得不回到那個困擾她多年，熟悉且難受的感覺中。

自己變得如此的無力

我在諮商時，曾遇到過不少這樣的女性來訪者。她們不知道自己是好是壞，自己的看法完全依賴於別人的評價與回應。

受到丈夫的一點指責，她們就會覺得自己很差勁，什麼都做不好。

有的來訪者甚至在丈夫出軌後，都感覺不到憤怒，來做諮商就是為了讓諮商師告訴自己哪裡不好。

感情上的挫折，讓這些女性覺得自己的整個人生都遭到了否定，更為不幸的是，她們還對此深信不疑，於是便被深深的無力感困擾住。

這些女性來訪者往往都有一個共同點，那就是「自戀的人格」不合格。

一個人的自戀人格，與在童年時期與養育者之間的互動模式息息相關。只有在童年時得到了來自養育者的充分肯定與關愛，才能發展出健康的自戀人格。

如果沒有足夠的愛與肯定，個體便會出現不合格的自戀人格，與之相伴的是過於在意他人評價的表現。

離婚讓我們異常痛苦的最主要原因，就是我們大大地被最親密的人否定了。

這個否定讓自己覺得自己是一個不值得被愛的人，什麼都做不好。然後開始不斷地進行自我否定。

而離婚之後，長時間的挫敗感和自我否定，也讓女性進入一個讓自己更加無力的惡性循環中。

如何走出上一段婚姻的陰影

接納已經發生的事和自己的情緒。

對於任何人來說，結束一段關係都是一個重大創傷，而創傷形成的原因，其實就是一系列事件發生後卻不接受這些事情及情緒。

一個問題發生後，面對、正視和接納自己的各種情緒，是解決這個問題的前提。

如果創傷過於巨大，或者我們缺乏情緒的自我整合能力，我們就很容易讓自己走入一個失誤之中 —— 開始無視自己的創傷和各種負面情緒，希望自己保持快樂，告訴自己那個男人不值得，自己和他分開是幸運的事情。看似堅強的背後是對悲傷的漠視，但漠視不等於不存在。

心理學上有一個詞叫做「情緒無能者」（Emotionally unavailable people），就是在說這群漠視情緒的人。

我的一個來訪者，和她老公是經人介紹認識的，當時覺得彼此的條件都不錯，就在一起了。可結婚後她才慢慢發現，自己的老公就是一個情緒無能者。

孩子生病了，他一點都不擔心和著急，反而心平氣和地說著妻子這裡處理得不對，那裡處理得不好；自己上班被上司罵了，卻能賴到妻子的早餐不合口味。

他的生活中只有是非對錯，卻沒有喜怒哀樂。他沒有辦法去接納自己的情緒。

不管是分離焦慮，還是自戀人格不合格，抑或是情緒無能者，這些童年創傷的修復都不是一朝一夕就可以完成的。而從巨大的悲傷之中走出來，也注定要花很長的時間。

接納自己討厭的樣子。

我真的討厭自己每天心情低落，我想快點變回過去那個快樂的自己。

當我們被自己不喜歡的情緒圍繞時，我們會不喜歡自己現在的樣子。

但情緒是沒有對錯與好壞之分的，每一種情緒都有它的意義和價值。即便是我們不喜歡的情緒。

就像電影《腦筋急轉彎》（*Inside Out*）中，每一個情緒的小人，都在用自己的方式保護自己的主人。

恐懼會保護我們免受傷害；憤怒會使我們明白自己的權益正在受到威脅；厭惡會讓我們身心舒適；快樂幫助我們和他人愉快相處；憂傷讓我們獲得支持、勇敢面對失去。

但如果偏激地讓某一種情緒主導了身心，都可能出現不可挽回的後果。

也許我們真的不喜歡自己傷心失落的樣子，也許我們太希望自己能快些從糟糕的情緒中走出來。

但我們往往忽略了，那些糟糕的情緒恰恰是最真實的。如果把真實的自己藏起來，去強顏歡笑，那麼快樂又有什麼意義。

很多時候，我們不能無視自己就是很糟糕的事實，這是成長的代價，而學會讓自己接納，恰恰是最珍貴的成長。

那些娶了第三者的男人，最後怎麼樣了

文／當真

網路上有一組資料表式，那些因為出軌而離婚的人，最後只有 10%選擇了和第三者結婚。

然而和第三者結婚後，又有 80%的男人會在這段婚姻中感到後悔。

今天這三個故事的主角，皆是如此。

01「妻子曾是我的第三者，如今我又有了小三」

@ 明哲，35 歲，再婚 5 年

在別人眼裡我是一個背叛婚姻的「渣男」，我從不狡辯。

我和現在的妻子結婚五年了，她是第三者扶正的，其實我本來不想和她結婚，但因為有了孩子，我被逼著最後只能無奈娶她。

和她結婚後的日子對我來說極其痛苦，我也恍然大悟，明白了小三只能是小三，不能做夫妻的道理，然而一切都晚了。我討厭她每天對我指手畫腳，我厭惡她對我父母不客氣的嘴臉，我無法正視我們因偷情而生的孩子。

於是我又在別人的懷抱裡找到了溫情。小敏是公司新來的同事，有丈夫，但這並沒有阻止我們「相愛」，每天和她一起吃飯、談心是我最大的快樂和精神寄託。

有一個週末，小敏發了簡訊給我，說她正在我家樓下，太想我了要和我見一面。正當我打算下樓的時候有人敲門，妻子開門後，小敏的老公帶著不少的壯漢衝了進來，說我勾引他的妻子，那聲勢明顯要動手打我，還是警察及時趕來才平息了這件事。然而我老婆卻並不打算放過我，又哭又鬧地問我和小敏是什麼時候開始的，為什麼這麼對她。

可我真的不想和她解釋，也真的對她心疼不起來，甚至因為她這樣的舉動讓我想起了自己的前妻。前妻是那麼的賢惠，那麼的愛我，對我的父母也是那麼的盡心盡力……

錯了就是錯了，後悔也是真的後悔，但無論如何都回不到過去了，而我也無法控制地在這段婚姻外不停地尋找溫暖。

02「我的妻子不知道，她曾經是我的小三」

@安旭，29 歲，再婚 1 年半

我和現在的老婆小予相識於一場音樂節，當時她和朋友叫我幫她們拍照，看到她的那一瞬間，我就深深地被她吸引了。她是那麼的美麗又活潑，於是我忍不住向她要了聯繫方式，但我並沒有告訴她，那個時候我是有妻子的。

後來在交往中我發現，她和我家裡那位完全不同，她會在意我的喜怒哀樂，一切都以我為中心，並不像我家裡那位，總因為自己收入高、有錢就貶低我，於是我產生了想和小予結婚的念頭。

但是一想到前幾年為了追到家裡心高氣傲的那位我所付出的心血，和娶到她之後穫得的名譽與地位，我又不想離婚了，不想失去現在擁有的一切。於是我假裝討好她，又和她說了假離婚的利益和計畫，成功拿到了離婚證書，轉身便娶了小予。

可惜我偷來的幸福沒有維持很久，在小予懷孕三個月的時候，前妻發現了小予的存在，鬧到了她的公司。

我欺騙了她們兩個的事情就這樣被公之於眾了，前妻滿臉絕望地打了電話給律師，而小予不可置信地看著我，她說：「原來我是可笑的第三者，我們離婚吧。」

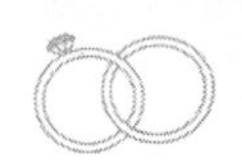

03「我總是忍不住想起：她是一個第三者」

@ 佟弈，43 歲，再婚 4 年 3 個月

在說我的第二段婚姻之前，我必須要說說我那失敗的第一段婚姻。

我和前妻的婚姻維持了九年，前三年我們的感情極好，直到孩子出生，前妻和我媽媽的矛盾開始加劇。

我媽來我家住，幫我們帶孩子，但是她經常跟我埋怨前妻亂花錢，起初我還是會在中間幫她們調節，但是好像並沒有用。我媽對她有很大的意見，漸漸地我發現我只有順著母親說，她才不會總來煩我。

可是順著她說便讓她更加明顯地針對前妻，於是前妻也開始討厭我，甚至我們在那之後，沒有了性生活。沒過多久我便和現在的老婆小慄越走越近。

小慄曾是我好兄弟的小三，但由於被嫂子發現了，他們便不了了之了，但我們還是經常在一起聚會，就這樣她也成了我的小三。我很喜歡她，她會撒嬌，也會逗我開心，甚至把我媽媽哄得也很開心。於是我主動選擇了離婚，毅然決然地娶了她，堅信和她結婚後我的家庭關係會變好。

再婚後，小慄對整個家還算盡心盡力，然而我卻開始不受控制地在意她曾多次當第三者的事情，每當她出門或者玩手機時，我總會懷疑她是不是也像當初追我時一樣，正在對別的男人說著情話。而且我們結婚後，我媽又開始不喜歡她了。

有一次我看見她上司開車送她回家，心裡的所有懷疑似乎一瞬間都變成了事實，聽不進她的任何解釋，拉著她就去離婚了。因為只有離婚，才是對我的一種解脫。

04

愛情，是一件極其美好的事情，而婚姻相當程度上都是愛情的最高表現形式。步入婚姻的雙方都希望自己是彼此的唯一，因此背叛和變心便成了感情中最大的悲哀。

有不少人會在婚後完全忘卻了當初對伴侶許下的誓言，陷入另一份自以為是的愛情中，甚至急匆匆地又為這份感情以最大的浪漫，選擇了再次步入婚姻。

可是這些完全不懂什麼是「責任」的人，又怎麼能安心享有幸福呢？所以他們大多只能為自己錯誤的選擇負責任。

1. 柯立芝效應（Coolidge effect）：男人更愛新鮮感

柯立芝效應的命名源自於前美國總統卡爾文．柯立芝（Calvin Coolidge）和他的夫人，當時他們去參觀一個農場，發現下蛋的母雞有很多，但它們旁邊只有很少的公雞。原來這是因為公雞雖不能和同一隻母雞完成多次「下蛋任務」，但卻可以和不同的母雞超額完成「下蛋任務」。

其實這便證明了所謂新鮮感的力量。人更是如此，面對新鮮感很難抗拒，正如上文提到的明哲，他因為一時的新鮮感讓外遇對象懷孕，最後妻離子散只能娶了第三者，然而生活卻越過越糟。

人和動物不同，因為我們除了本能之外，更懂得什麼叫克制。當你和第三者的新鮮感消失後，你們之間卻再無其他，這時候你怎麼可能不懷念當初真愛過的貼心伴侶呢？

2. 沉沒成本（sunk cost）：沒有正確的婚姻觀

很多人在判斷「沉沒成本」價值的時候顯得難以割捨，從心理學上來看，這是「損失厭惡」造成的。

正如上文中的小安，他不愛妻子了，但想到自己曾經對妻子的付出，想到離開妻子後自己將受到的損失，感覺無力承擔，但是他又想滿足自己對另一份感情的欲望。於是他錯上加錯，用假離婚的方式，傷害了兩個女人，最後三敗俱傷。

其實能受沉沒成本影響的男人，大多數在感情裡已經不愛了。但不愛的解決辦法有很多，選擇欺騙、隱瞞的男人，可以說他們沒有正確的婚姻觀，更不懂得什麼是責任，什麼是負責任。

3. 婚姻在於經營，而非逃避

婚姻不像戀愛，大家在戀愛時總是用心呵護，可往往結婚後，雙方就開始對這段感情分心，有的人是為了孩子，有的人是為了生計……所以大家總是忘記了要去經營。

佟弈和妻子的感情始終很好，但是因為婆媳矛盾讓他們之間出現了深深的裂痕，可在這個時候，佟弈和妻子都沒有想辦法解決婚姻中的這個大問題，而是選擇了逃避。

妻子用拒絕和佟弈過夫妻生活來反抗，佟弈用找小三的方式來憧憬新生活。但問題沒有解決，換多少個伴侶也都是一樣的。

不論是上文中提到的誰，他們既然背叛了感情選擇了第三者，那麼不論經歷了什麼，都需要對自己的選擇負責。

寫在最後

婚姻是愛情的最高表現形式，所以值得我們用心去經營，去維護。

女人，一定要擁有重啟人生的勇氣

文／快樂的蟲子

如果有一天，妳可以重新審視自己的人生，辭掉現在的工作，換掉現在的伴侶，斷絕除了家人之外其他所有人的聯繫，讓一切都從頭再來，妳期待嗎？

這部名叫《凪的新生活》的電視劇，就講述了一個大部分女人都嚮往的 —— 讓人生從頭再來的故事。

一場夏天中的危機

大島凪，28 歲。工作上，她是公司的「螺絲釘」，誰需要她幫忙，她就微笑著答應下來。

夜幕降臨，倒數第二個離開的同事笑著和她說了再見，凪還在硬著頭皮處理未完成的工作。

一轉頭，凪發現剛才那個女同事忘記拿手機了，手機螢幕上顯示的，是其他幾個女同事建立的一個沒有凪的小群組，她們在那裡吐槽、嘲笑凪。

凪非常失落，去找自己的男朋友，卻發現男朋友我聞慎二正在和同事吐槽她又土又小氣。

凪一向忍受著男朋友不公開自己的身分，聽到這裡，她直接暈倒了……

醒來的時候，她選擇了辭職，離開了和男朋友同居的房子，把所有的東西全扔掉了，除了一輛腳踏車和一條被子。

凪騎腳踏車來到一個破舊的小鎮，這裡看起來一切都是嶄新的。帥氣的、送自己苦瓜的鄰居小哥哥阿權，喜歡摸自己卷髮的小妹妹，節儉到總是在路邊撿硬幣的、喜歡看電影的綠婆婆，以及一塊兒找工作認識的新朋友。這些都是欣欣向榮的新美好啊。

就像許多人期待的那樣，辭掉繁重的工作，離開忙碌的城市生活，跑到一個世外桃源裡，告別喧囂，開始隱居。

可惜，這樣依然避不開世俗的糾葛。

慎二加完班後千里迢迢趕來，和凪糾纏。

凪在找工作時也遇到了瓶頸，就連畢業於東京大學的新朋友龍子，也一樣面臨失業的困境。

凪無力地躺在地上，心裡十分沮喪，為什麼自己都 28 歲了，再過兩年就 30 歲了，卻失業、失戀，一無所有？

危機一角下的冰山

其實，凪一開始，就在和慎二麻木的親密接觸中，期待著慎二可以早一點向自己求婚，這樣自己就可以早點脫離現在雞零狗碎的生活，不用每天計算著自己怎麼做飯帶到公司去吃只是為了省錢，不用每天忍受公司女同事的表裡不一，更不用忍受自己的碌碌無為，畢竟自己嫁給了工作經驗豐富的業務骨幹慎二先生啊！

她期待自己逃離這一切的窘境，想要憑藉的不過是一個男人的力量。

我能理解凪，因為我自己一開始也是這樣，心理上就像一個沒有斷奶的寶寶，人格上不能獨立。

以前沒有男朋友的時候，我就有一種孤獨向前走的恐懼；有了男朋友，哪怕是曖昧對象的時候，我就會擁有一種莫名其妙的安全感。所以凪在聽到慎二說出他只是因為生理需要才和自己在一起這麼久之後，她的世界轟然坍塌。

之前熱播的《如懿傳》是一部宮廷女子悽慘人生的百態圖。其中，魏嬿婉拋棄了和自己青梅竹馬的冷宮侍衛凌雲徹，轉而投向皇帝的懷抱。在去養心殿侍寢的路上，她遇到了凌雲徹，解釋著自己的選擇：

「我在啟祥宮被嘉嬪凌辱折磨的時候，無時無刻不想被賜婚給你，逃離苦海。可是，後來我發現，我只能靠我自己。」

「那妳之前在花房說的，想和我重修舊好都是假的嗎？」凌雲徹追問。

「當然是真的。那個時候，和你在一起，是我最好的出路，是我真誠的想法。」

在那個男權社會裡，魏嬿婉自己掙扎、努力卻一敗塗地之後，只能繼續依附男人，憑藉男人的力量來征服世界。

但在數百年後的今天，凪的人生跌落到谷底之後，卻可以選擇不同的路。

即使害怕自己像綠婆婆一樣孤獨而又貧窮地老去，害怕自己成為隔壁女鄰居那樣的單身媽媽，凪也終於勇於放下對男人的期望，而去思考並意識到了自己的問題。

「至今為止，我從來沒有按照自己的意志，去過任何一個地方，我總是想攀附在別人身上向前遊。」

閒暇中的答案與成長

面臨失業、失戀的困境，凪，這個一無所有的女人到底可以走向何方？

凪在她的閒暇中慢慢找到了生活的答案。

她去酒吧打工，唯唯諾諾，虛與委蛇，有人一針見血地看出了她的問題，並告訴她：妳根本對人不感興趣。

因為不感興趣，所以對於什麼話題凪都是敷衍著的。因為不感興趣，所以她只想依附在表面和諧的談話氛圍裡，不試著去分辨那些請求的必要性，只是一口搭應下來。

她遇見了阿權，一個溫柔起來像夏天一樣的男孩子，他長相俊美，還把自己的房間鑰匙給了她。在這樣的攻勢下，凪淪陷了，和他發生了關係。可是阿權同樣還把房間鑰匙給了其他的女孩子。

面對這個毫無界線的男孩子，凪開始明白拒絕的意義，明白主動又獨立地做出自己人生的選擇是多麼重要。

她騎腳踏車跑到阿權讓她深深心動過的海灘上，扔掉了阿權送給她卻並非唯一的房間鑰匙。

凪第一次開始主動對關係做出調整，而不是像上一段感情那樣，在第一次與對方搭訕時就確定了關係，在關係發生變數時就想要逃離。

在事業選擇上，凪也不再重複以前自己不喜歡的壓抑工作，而是和龍子小姐一起發現了自己的夢想 —— 開一家可以讓人心情放鬆的洗衣店。

在這部劇下面有一個高讚數的評論：「閒暇的開始是逃避，閒暇的結束是成長。」

上週末的時候，我去朋友思思家吃飯。思思和她的男朋友打算一起做一頓四菜一湯。

南部妹子思思熟練地炒著花蛤，還弄了道金針花鹽煎肉，燉了排骨海帶湯。她的男朋友在一旁打下手，時不時地剝顆蒜，切下香菜，洗下砧板和炒鍋。

雖然他們還在租房子，他們相處的場景卻溫馨得像幅畫。

在飯桌上，我才知道，思思入職新公司不久後，她的男朋友就辭職了，差不多已經在家待業兩個月。

雖然男方失業在家，可是我在這兩個人身上卻沒有看到絲毫對於未來生活的驚恐和慌張。兩個人一起下下棋，養養花，打打籃球，日子悠閒愜意。

閒暇，對於沒有安全感的人來說，是一劑毒藥；對於緊繃著神經的人來說，反倒成了一種解脫。

凪的覺醒：從精神依附走向自主獨立

這也是一些單身職場女性的真實寫照。

我們渴求精神上的獨立，知道精神獨立的前提是經濟獨立，於是為了經濟獨立不斷奮鬥著，但疲憊的工作與生活讓我們想要擁有一個依靠，哪怕這個依靠並不穩定。這樣的想法好像和我們的追求相背離，讓我們陷在一個惡性循環裡，疲憊、迷茫，找不到努力的意義和方向。

但是我相信很多人看到凪拒絕慎二和阿權，開始無所畏懼地面對自己的單身生活時，對那個已經過去的夏天會有那麼一絲絲感動。現在很多人的生活節奏緊張，想約吃頓飯都要等很久的時間，像凪一樣，用整個夏天的閒暇，暫停一下，來緩緩度過自己的感情和事業危機，恐怕是一件十分奢侈的事情。但是，假期還是有的，實在不行忙裡偷個閒，想想明天的早餐怎麼做，想想下一次和朋友的聚會去哪裡。

只要你認真思考，每一場閒暇都有它的命運和果實。最後，我想用這部電視劇中點讚第一的評論做結尾：「風已經是秋天的味道了啊。」

「謝謝你在這個夏天為我帶來那麼多歡笑和感動。」

「做自己想做的事，不要被其他人所左右，察言觀色也要注意自己的心情。」

實錄：已婚女人出軌後的自白

文／蘇曉

小蝶坐在我對面，衣著素雅，但是看起來清新、有格調。她的面色有點蒼白，但化了淡妝、擦了口紅。無論她的神情、坐姿，或是語調，都透出一股清高而倔強的距離感。

從第一次會面到現在，她從焦灼、不安的狀態，慢慢恢復了一些平靜，臉上偶爾還會浮現出孩子般天真的笑容。

小蝶是因為自己出軌，內心對先生、對孩子極度愧疚和不安前來諮商的。

透過多次深入的交談，我逐漸得知，小蝶有一個傳統意義上完美、幸福的家庭。她和先生有很好的感情基礎，相處和諧，孩子也快要升國中了，表現優秀。

但是半年前，小蝶還是出軌了。

初和小蝶接觸，我很好奇，「完美婚姻」裡的她，因何出軌？

出軌，引發無盡的愧疚感

之前，小蝶在外地的娘家出現了一些變故，小蝶獨自回去處理。那段時間裡，她身心疲憊。就在那時，她邂逅了自己的國中同學 O 先生。

O 先生那時已經獨自創辦了一家大型企業，在當地非常有影響力。事業有成的 O 先生，卻非常溫柔低調，對小蝶呵護備至。

在很短的時間裡，小蝶就接受了 O 先生。

小蝶說，她起初接受 O 先生的時候，內心竟然沒有太多的糾結和對先生的內疚感，她始終想不通這是為什麼。她問我，她是不是一個沒有道德感和羞恥心的女人。

可是，隨著小蝶和 O 先生的深入交往，O 先生對她更加用心，並且希望和她建立家庭。

這個時候，小蝶慌了。

一方面，她覺得自己的確很喜歡 O 先生，她不僅享受那種被全心全意呵護和看見的感覺，而且，在 O 先生身邊，她覺得自己是天下最幸運、最尊貴的女人。

但是另一面，她覺得家庭和孩子是她萬萬無法捨棄的。就是在那時，她對先生和孩子的愧疚開始一天天發酵，焦慮、徬徨、無助、失眠……她無法獨自面對，於是找上了我。

在我們會面的時間裡，絕大多數時候，我都是在傾聽她的訴說，用心地感受她的感受，試圖進入她所闡述的那個內心世界裡。

有時我也會提問，澄清，確認。每當這些時候，她都會若有所思地停頓下來，陷入片刻的沉思。

在和她的最後幾次會面裡，她的狀態已經趨於穩定。她想明白了，完美婚姻中的自己因何而出軌；她也知道面臨家庭和婚外的極大誘惑時，自己要如何抉擇。

渴望滿足自戀，尋找完美的自己

完美的婚姻，不等於完美的自己。

小蝶和先生的婚姻，經過十多年的磨合，已經逐漸趨於穩定，彼此知根知底，似乎已經沒有了太多可以「再創造」的空間。雙方也彷彿達成了共識，安於這種穩定。

但是穩定的生活之外，小蝶發現，其實自己內心還住著另外一個蠢蠢欲動的自己。

那個自己或許和 O 先生是否愛她無關，和目前的生活是否穩定富足無關，而只是和她自己有關。

小蝶內心深處渴望自己有更成功的事業，期待自己有更高的成就、地位和價值感。

然而，每個人的人生往往都是有限度的，永遠不可能抵達自己隨心所欲的高度。

邂逅 O 先生後，他的成功、他對自己的傾慕和呵護備至，讓小蝶彷彿找到了自己價值感的延伸。

後來她意識到，O 先生其實是她證明自己價值的一面鏡子，透過這面鏡子，她發現，原來自己可以站得更高。O 先生又像是一根繩索，藉著這根繩索，小蝶感覺自己的人生彷彿可以延續至自己原本抵達不了的遠方。

至此，小蝶已經釋懷了。

她說，其實她並不愛O先生，只是仰慕他身上的光環，享受他帶給自己的榮耀。

她只是在借光，渴望以此照亮自己的人生。O先生是小蝶滿足自戀、追求完美的自己的一條延伸線。只是這條延伸線和愛情無關，也並不屬於小蝶。

後來，我讓小蝶在腦海中自由想像三年後自己的生活。

小蝶說，她看到了自己、先生和孩子，一家人在院子裡溫馨生活、互動的畫面。那幅畫面裡，並沒有O先生。

想到這裡，小蝶哽咽了，那一刻，她深深意識到，自己內心的摯愛，其實只容得下她的另一半和孩子。那是她用心生活，並苦心經營了多年的家。

打破庸常生活和虛空感，尋求「我還活著」的鮮活感

完美婚姻，其實是個假命題。當我們提到完美婚姻這四個字時，其實我們不過是站在大眾世俗的眼光下來評判的。

評判標準通常是：夫妻感情穩定，丈夫品行端正、有責任心、事業有成，自己衣食無憂，孩子學業優秀……

但是這些世俗角度的衡量標準，最大的漏洞在於，婚姻的主體是人，而人最核心的東西在於自我的感受。

婚姻究竟是不是完美，如果只能用一個標準來衡量，那只能是當事人自己的感受。

電影《麥迪遜之橋》(*The Bridges of Madison County*) 中的家庭主婦每天忙碌操勞，她的生活重心，似乎只剩下服務丈夫和孩子們。雖然很肯定的是，她很愛她的丈夫，也很愛她的孩子們。但是在庸常忙碌、日復一日的生活中，她發現她找不到自己了。

影片中的一個小細節：她開啟老收音機裡喜歡的電臺，想聽著自己喜歡的音樂來做家務，但是青春期的孩子走了進來，很自然而然又理所應當地把電臺換成了自己喜歡的頻道。主婦無奈地自我安慰，迅速調整好心態，進入她日復一日的生活。

一家人吃飯時，她擺好所有的食物，她為丈夫遞鹽，看著丈夫和孩子們進食。她想說點什麼，卻發現丈夫在專心地一邊進食一邊看報，而孩子們也各有所思，她欲言又止，不知道該說點什麼。

這樣的生活裡，你不能說她的丈夫不愛她，或者說孩子們不愛她。只是，她的存在，好像變成了一個身分、角色或標籤，那就是一個妻子、一個母親，一個服務者和奉獻者，而不是一個屬於她自己的、活生生的女人。

她的物質生活是有保障的，然而她的情感卻似乎被生活封鎖了，既無處安放，也無法得到回應。

生活的一切看起來秩序井然，然而她的內心其實已經如翻江倒海般不安。

攝影師的到來，打破了這種局面。

攝影師極其有洞察力，覺察到她的那種焦慮和不自在，願意陪她聊天，傾聽她的過去、她的所思所想、她的觀點和她的感受。攝影師接納了她由於長期做家庭主婦而感受到的自卑和不自在，並鼓勵她。

攝影師在採風之餘，為她拍照；在回去的路上，遞給她一支菸……

這一切，讓她覺得：有人真正看見我，傾聽我，重視我……我有知覺，我不再麻木，我是活著的，我也可以快樂……

單一的性，很難成為女人出軌的唯一因素

完美婚姻裡出軌的女人，往往和追求愛情無關，比如小蝶；和單純的性滿足無關，比如《麥迪遜之橋》裡的主婦。完美婚姻裡出軌的女人，往往只和自我有關。

法國電影《青樓怨婦》（*Belle de jour*）裡面中產階級太太的丈夫是一名英俊硬朗、事業有成的外科醫生，對她也非常溫柔體貼。然而衣食無憂的生活、完美的丈夫，並沒有辦法真正點亮她的生活。

這位美麗優雅的上流社會太太做了一件匪夷所思的事情 —— 到一家私人會所當青樓女子。

許多觀眾會認為她是因為空虛寂寞，為尋求強烈的刺激。

而實際上，她更想要發現自己、探索自己。性只是管道，而不是最終目的。

影片中，她和丈夫分床而睡。因為她無法接受自己完美丈夫的親近。她雖然愛他、依戀他，但是在性方面和身體上卻非常抗拒丈夫。

這裡其實有一個容易被大家忽略的細節，那就是這位太太在還是個小女孩的時候，曾遭受一名年長而骯髒的鍋爐工人長期的猥褻和侵犯。

影片雖然沒有用更多畫面來展示事情的來龍去脈和細節，但幾乎毋庸置疑的是，小女孩被侵犯時，內心複雜的感受將在她成年後的心理和行為帶來極大的影響。

從心理學的視角看，這位太太很可能存在極大的心理創傷需要被修復。

但是，當事人很可能無法及時地意識到這一點，或者當時並沒有太多這方面的醫療資源，當事人只好依據內心有意識或無意識的「呼喚」，一步步靠近心底深處的那個魔鬼和謎團。先被魔鬼征服，再逐漸看清魔鬼、超越魔鬼，最後擺脫魔鬼，回歸內心的真愛。

說到底，我們太容易把出軌和慾望、背叛、欺騙、愛情、忠誠、道德這些詞連結起來，卻不太容易看到出軌背後個體的需要和創傷。尤其是完美婚姻裡的出軌，更不容易被理解和深思。

雖然我們絕對不能否認，出軌帶給伴侶的傷害都是確切而真實的。但是，在出軌已經發生的情況下，看清問題、超越自己，或許是更重要的。

出軌是唯一的出路嗎

現實生活中的小蝶們，《麥迪遜之橋》中的主婦們，抑或是曾經有過陰影和創傷的「青樓怨婦」們，當妳們面對內心那個成為完美自己的渴望時；當妳們面對瑣碎庸碌的日常生活，內心沒有一點生氣和波瀾時；當幼時的創傷像個魔鬼一樣掌控了妳的身心，讓妳找不到出口時，聽從本能的召喚，透過出軌來獲得身心的釋放或試圖解決問題，真的能夠讓自己趨於圓滿、獲得身心的幸福嗎？

這值得思考。

無論是小蝶，還是《麥迪遜之橋》中的主婦，還是衣食無憂、看起來優雅動人的中產階級太太，還是生活當中已經擁有「完美婚姻」和「完美戀人」卻依舊不夠滿足的女人們，對於她們來說，或許探索自我、尋找新的人生目標，並為其賦予值得追求的意義和價值，是另一條光明之路。

因為人的本能，是向上和趨向追求完美的。當我們前一個階段的人生目標完成了，那麼我們可能會讓自己陷入新的焦慮和空虛中，那就是：接下來我為什麼而活？活著的意義是什麼？

所以，我們需要不斷找到新的值得追求的人生目標。因為在任何的生命階段中，其實我們都需要有足夠的寄託和動力。

在現實生活當中，比起出軌，想要拓展自我、超越自我有很多更容易達成的管道，包括廣泛閱讀，與更多有趣的人深度溝通，旅行，幫助他人……

這些事情可以釋放我們的能量，讓我們獲取意義感和價值感，滿足好奇心和探索慾，以此來超越空虛感。

所謂「寵妻狂魔」，才是婚姻最大的謊言

文／子墨

現在網路上，有很多明星和網路紅人以「寵妻狂魔」的身分獲得很多粉絲們的喜愛。

他們在社交媒體或者影音應用程式上和妻子（女朋友）互動、誇她們漂亮，寵妻狂魔！

他們陪妻子（女朋友）逛街、幫妻子（女朋友）挑選衣服，寵妻狂魔！

他們為妻子（女朋友）做飯，吃她們剩下的食物，寵妻狂魔！

現實生活中，會做這些事的男人並不稀有，他們的婚姻又如何呢？

同樣是「寵妻」，婚姻走向卻截然不同

寵妻男 A 與妻子是在上大學時打遊戲認識的。一開始，女孩身邊的朋友沒一個看好他們的戀情，大家都覺得他們是兩個小孩在玩扮家家酒。

畢業之後，他們不但沒有分手，女孩還去了 A 所在的城市。雙方見了父母訂了婚，過了一年多以後就結婚了。

女孩喜歡打遊戲，A 就為她專門配了一臺電腦放在臥室；女孩比較懶散，不會做飯，A 就包辦了大部分家務；女孩生孩子之後嫌自己胖，他就增肥讓自己更胖，說這樣就顯得老婆瘦了；他喜歡曬小孩、曬老婆、曬廚藝，還經常配一些奇葩的段子，為的就是哄老婆開心。

老婆收拾衣服，他發影片寫道：「太太和媽鬥嘴，我替媽說了兩句話，太太就要收拾東西回遙遠的娘家，是不是打一頓就好了？」

數千條留言罵他渣男，替女孩抱不平，他就樂呵呵地讓老婆看這些來自陌生人的關愛。

有粉絲看了他發的內容，提出鑑定：你不是極品渣男，就是極致暖男。

女孩時不時會在好友群組裡分享 A 的趣事，言語中洋溢著幸福和知足，毫不吝惜對他的誇讚。

畢業十年後的同學聚會，同學們都驚訝於兩人的「凍齡」功

力。他們的互動依然像當年在遊戲裡那般有趣而熱烈，看上去卻又那麼稀鬆平常。

相比之下，B 男曾經也是同學們裡出了名的「寵妻男」，婚姻卻完全是另一番景象。

當年為了追到有「冰山美人」之稱的班花，B 像忠實的僕人一樣侍奉左右。堅持了兩年多，再冷的心，也被焐熱了。

據說，班花成為 B 的妻子後，B 對她的寵愛有增無減。

老婆工作不開心，他就接外快，為了多賺點錢，好提供底氣和資本讓老婆隨時辭職；老婆怕疼不敢生孩子，原本喜歡孩子的他說養狗跟養小孩差不多，我們買隻狗吧；就連吃水果遇到一個很美味的，他都會立刻遞給老婆；這一切，在一位 23 歲的女同事向他表白之後，戛然而止。聽到有人對他說「我愛你」，他才猛然發現，這麼多年，他似乎從來沒有從妻子那裡得到過明確的愛的回應，他突然替自己覺得不值，一次喝醉之後就出軌了。

坦白、離婚都是他主動的，妻子表現得很平靜，只說給她兩天時間想一想。

兩天之後，她同意了，整個人卻像老了十歲。他意識到，原來她並不是不在乎，可能只是不習慣去表達。

反悔、僵持，前路漫漫，荊棘密布……

「寵妻」的男人，不過是懂得履行婚姻契約

我問我的那位並沒有「寵妻」標籤的男士：「你怎麼看『寵妻狂魔』？」

他秒回：「我就是啊！」

我露出驚訝的表情：「你確定嗎？你哪來的這份自信？快說說為什麼你覺得自己就是⋯⋯？」

他立刻改口：「不是不是，我隨口瞎說的！」

接著就反問：「能解釋一下什麼叫『寵妻』嗎？寵到什麼程度算『狂魔』？電視劇《不要和陌生人說話》裡那個家暴的安嘉和，在鄰居的眼裡就是個『寵妻狂魔』，也算嗎？」

我列舉了一些被封為「寵妻狂魔」的明星，又說了 A 男和 B 男的事，他不是很明白：「他們不就是做了丈夫適合做的、該做的事嗎？怎麼就成『狂魔』了呢？ B 男就是毫無底線地諂媚，根本沒搞清楚結婚的本質，這樣『寵妻』出問題很正常啊！」

「婚姻說到底，是一種契約。男人怎麼做才算寵妻，還得看當事人的期待。」

他這句話，讓我想起結婚這些年，他好像從未對我提出過什麼要求，而我提出的要求他總是盡力滿足，對雙方父母一視同仁地孝敬，照顧孩子甚至比我這個妻子更耐心細緻⋯⋯

他是在不折不扣地兌現婚前的諾言，踐行結婚時的約定。

這樣的他，在同事眼裡可能早就被貼上了「寵妻」的標籤。

只是作為妻子，我自己並沒有一個恆定的、客觀的標準去衡量，到底什麼才是「對我好」。

作為女性，我們很容易把「讓我滿意」等同於「你對我好，你就是愛我的」。但是我們很難意識到，「滿意的門檻」會不斷被抬高，向另一半提要求的欲望，會在不知不覺間變成一個無底洞。當對方的心力被消耗殆盡，一切就走到了盡頭。

對於婚姻而言，早領悟到這些，或許能規避許多遺憾吧。

寵妻狂魔，女人的心魔

回到「寵」本身，它常常與寵溺、溺愛掛鉤，是一種非正常的愛和付出。通常多展現在父母對孩子的關心上 —— 愛得缺乏理性，沒有了底線和目標，最終的結果很可能是害了孩子。

女人推崇「寵妻狂魔」，更像是把一個孩童對父母的訴求，投射成為婚姻中對伴侶的要求：你只有變著方法對我好、寵我，才能證明你愛我。

因為沒有想過自己到底想要什麼，或者沒有想清楚自己在婚姻裡的訴求和底線在哪裡，「寵」就成了一個通用的訴求、一種執念、一種「心魔」。

不論是已婚還是未婚女性，若把明星們秀恩愛的形式誤當成婚姻的實質內容，恐怕只會迎來更多的失望。

好的親密關係，需要愛的互動，而不是單方面的付出。就像前面提到的寵妻男 B，因為長期得不到妻子的回饋，無法獲得心理能量，當外部力量介入時，就毫無抵禦能力。

當我們渴望被寵，羨慕那些看上去被寵的妻子時，不如反觀自己：有沒有忽略對方為我做的事？我有沒有為對方做過什麼？我們的婚姻裡有沒有愛的流動？

很多時候，明確對婚姻的期待，守住自己的底線，表達自己的訴求，比「等寵」更有意義。

已婚男講述：和這四類女人結婚最容易後悔

文／時敬國

選擇伴侶這種人生大事，有選對了的，必然也有選錯了的。我曾經在生活和諮商中，接觸過一些男性，聊到過這個話題。

在這裡，我把這些故事講給大家聽，一起看看，男人們都後悔娶現在的老婆嗎？什麼樣的老婆，讓男人後悔結婚了？而什麼樣的老婆，又會讓男人無悔此生？

有一個家世好的妻子，容易讓男人失去價值感

@ 楓先生，35 歲，家族企業經營者

我的妻子是我的大學同學。那時候，她在女生堆裡不算出眾，但挺可愛的。後來，聽其他同學說，這個看起來普普通通

的女孩，其實是個富二代，父母經營著一家不小的企業。

我心裡立刻覺得，這個女孩不簡單，有這樣的家庭背景，卻如此低調。於是從那時起，我在心裡對她刮目相看。

後來，我們戀愛了，結婚了。我們搬到了她家所在的城市，在她父母的幫助下，我們擁有了優越的生活條件。更難得的是，她的父母還讓我們在他們的企業中磨練，然後，分給了我們一部分產業，讓我們去經營。

七年過去了，我雖然過著不錯的生活，但不管我自己，還是我身邊的人，都不確定這種生活是靠我自己賺來的，還是我岳父岳母給的。

我經常想證明自己，在企業經營上做出一些自己的成績，做一些和岳父岳母不一樣的決定，但是，我的想法經常被他們否定，於是我們之間也經常會發生一些不愉快。而我的妻子也認為，我沒必要非要標新立異，穩穩地守住現在的成果就好了。

我覺得，她這樣說的時候，內心對我的能力是不信任的，她認為我並不是一個多麼優秀的人，配不上有自己的成就。所以，我對她也有怨言。我們之間的爭吵也慢慢多了起來。

現在回頭去想，其實我當年和妻子會在一起，很大一部分原因是被她的家庭條件吸引了。因為我是農村出身，她身上那種家境優渥還性情溫和的樣子，讓我非常羨慕。

然而，多年後，我才發現，我沒有能力像她那樣，坦然地接受這樣的生活。我是需要證明自己的人，如果不能，我會有一種入贅的感覺。

說實話，我後悔了。我妻子是個好女人，但是，娶了她，我卻失去了證明自己是個「成功男人」的機會。

寫給那些「家世好的女性」

因為文化的原因，很多華人男性會把自己在家庭裡的責任和價值，當成立身之本。

當一個男人承擔了家庭的主要經濟責任，並且因此感受到自己被需要、被尊重，那麼，他就會更自信、更積極。然而，隨著時代的發展，很多女性的能力越來越強，或者家庭條件更好。這導致了很多男性對於自己在家庭中的責任和價值的認識模糊了起來。

如果你是原生家庭條件比較優越的妻子，可能妳的原生家庭會帶給妳們的小家庭很多經濟上的支持，這時候，妳要考慮這種支持可能會為小家庭的權力和界線帶來什麼樣的影響。

如果可能會帶來案例中的這種影響，對於丈夫的自我價值感產生衝擊，那麼妳就要慎重考慮是否和對方步入婚姻，或者如何去解決這個難題了。

娶了「院花」，就要永遠捧在掌心嗎

@ 胡先生，40 歲，網路企業合夥人

20 年前，我被學院的「院花」吸引了。當時她被很多人追求，但並沒有真的和誰談戀愛，她似乎很享受這種被很多人追求的感覺。直到後來，她成了我的女朋友，一時間我被無數男生羨慕。

然而，結婚之後，我才知道，她太需要被關注、被捧著，太需要成為別人關注的焦點了。當她因為自己是一個已婚女性，而無法得到更多關注的時候，她就希望從我這裡得到她所需要的所有寵愛。

當然，我也盡力做了。但是，畢竟我們現在是在過日子，我沒有辦法讓自己一直保持在追求她的那種狀態裡。所以，她總覺得落差太大了，她適應不了從萬人矚目的風雲人物，變成一個「安分守己」的妻子角色。

她一直很懷念大學生活，對現在的生活各種不滿意 ——不滿意要辛苦做家務，帶孩子；不滿意要上班，受上司的氣；不滿意我不再像追求她的時候那樣寵著她。

現在回頭想想，或許當年我會以追上她為驕傲，但是，這種驕傲的代價太大了。別人都羨慕我有一個如花似玉的老婆，卻不知道，我為了滿足她的心理需求，一直沒有享受過夫妻之間平等的相互扶持和體諒。

我很羨慕那些被妻子照顧的男人，回到家可以和妻子平和地聊聊天。而不是像我現在這樣，好像是我佔有了她的青春，欠了她一輩子。

如果重來一次，我會放下虛榮，去真實地看看自己到底有多愛她。

寫給那些「曾經是『萬人迷』的女性」

很多長相出眾，或者氣質出眾的女性，都曾經有過美好的青春，有著被眾多男生追捧的經歷。那個時候，妳的那個他，對妳也一定非常好，所以，妳才選中了他。

然而，在婚後的生活裡，很少有男人可以一直像婚前談戀愛時那樣寵妳、關懷妳。一方面，他們認為感情已經到了另外一個階段，婚姻和談戀愛不一樣，要開始過日子了。對妳的愛，早已經證明過，不需要一直去證明；或者說，要用另外的方式去證明了。

這個時候，很多女性心理會有落差。尤其是當自己的外形、氣質方面的吸引力似乎得不到丈夫的珍惜時，她們會覺得自己不被珍視了。從心理學上講，外在的吸引力，的確是有時效的，而更長久的吸引力，來自三觀的接近和對彼此在婚姻中承擔角色的認同。

所以，在婚姻裡，大家好好地各自演好自己的角色，可能是接下來保持相互吸引的更好方式。

經濟適用型老婆，除了平淡點，其他都還好

@老范，42歲，公務員

我妻子給人的感覺，一直是很舒服自然的，屬於那種扔到人群裡不會被注意到的女人。

我這個人不太浪漫，也不太喜歡激烈地表達情感，所以，也追不上那些非常出眾的女生。恰好，我妻子也沒有什麼太高的要求，於是我們就這樣平平淡淡地在一起了。

結婚十多年，我們過著安穩普通的生活。和別的妻子相比，她沒那麼多牢騷抱怨，總是怡然自得。我們的生活很平靜，偶爾感到溫暖、溫馨。

美中不足的是，我們太像親人了，似乎沒有過激情。有時候，我看到那些更漂亮的女性，更有風情的女性，也會心猿意馬。但是，我也知道，那些都不是過日子的人。

人生總要有取捨。對於我來說，婚姻生活有兩種，一種是激情四溢，然後收拾並不圓滿的殘局；另外一種是溫暾如水，但結果相對圓滿。

如果有機會回到從前，我想我依然會選擇後者吧。

·寫給那些「安靜、滿足的女性」

能找到一個和自己過平淡日子的男人，其實是一種幸福。兩個人婚姻觀一致，都追求長久，追求圓滿，並因此而拒絕誘惑。

不過，所有的人都會渴望激情。妳要隨時關注另一半，如果他平淡太久了，有些蠢蠢欲動了，妳不如也喚起自己的激情，和他一起去做點特殊的事情，為彼此帶來一些小新鮮、小刺激。

如果妳們不去釋放這些激情，那麼，兩個人「脫隊」的可能性就會增加。

一個內心封閉的妻子，需要我永遠呵護著她

@ 喬先生，39 歲，經理

我的妻子，是那種特別讓人心疼的人。她小時候因為走路稍微有點跛，被別的孩子取笑，就變得和人很疏遠，一副冷冷的樣子。其實，她的長相還不錯，加上那種略微清冷的氣質，當年我一下子就被她吸引了。我用了很多心思，才打開了她的內心，讓她感動，相信我是可靠的，是值得信任的。

但結婚多年以後，她雖然仍然信任我，卻還是會經常陷入能量比較低的情況，我就需要耗費很大的能量，去讓她感覺好起來。

說實話，我有點累。但是，我也想到我是她在這個世界上唯一信賴的人，如果我放棄她，猜想就沒人像我這樣疼她了。她會再次完全把自己封閉起來，永遠孤獨。

想到這個，我就覺得我會一直陪著她。我不後悔當初走進她的內心。

· 寫給那些「內心封閉的女性」

每個人的人生經歷不同，總有些人經歷過別人想像不到的痛苦。所以，妳可能的確很難相信這個世界，很難充滿能量地去面對它。這個時候，如果妳遇上一個心疼自己，能長久給妳能量的人，那是多麼幸運啊！

不過，妳也需要知道，即使他是那種付出型的人，很會照料別人，他的能量也是有限的，他也是需要補充能量的。所以，當妳的能量相對比較充足的時候，妳要及時地去回報他，溫暖他。

當妳實在覺得自己狀態不好的時候，可以試著向心理諮商師尋求專業的幫助，修復自己的創傷，改善自己的能量循環。這樣，那些愛妳的人，妳愛的人，就可以輕鬆一些。

吸引力在變化，我們在成長

在上面的多個故事裡，我們看到，他們曾經因為在某些方面吸引了彼此而在一起。但隨著時間的推移，很多吸引力發生了變化。

心理學告訴我們，婚姻裡，那些外在的刺激，比如長相、身材、身分、地位……帶給我們的吸引力會逐漸減弱。而我們對世界的看法、對人生的看法、對於彼此在婚姻裡承擔角色的認同，所帶來的吸引力，會逐漸上升。通俗來說，妳越像對方期待的妻子那樣，對方越像妳期待的丈夫那樣，那麼，妳們彼此就會相互吸引更多。

還有一些吸引，被稱作致命吸引。

「如果伴侶最初吸引人的品格逐漸變成最惹人厭煩、惱怒的特點，致命的吸引就產生了。例如，開始交往時看上去主動、風趣，可能到後來就成了不負責任、愚蠢；一開始看上去堅強執著，到後來變成了專橫跋扈；一開始很享受伴侶高度注意和奉獻的人，到後來覺得這樣的占有慾太強進而反感這些行為。」（羅蘭．米勒、丹尼爾．珀爾曼《親密關係》）

所以，我們看到，吸引力總會發生變化，但並非無跡可尋。每個人在走進婚姻之後，都應該在以下方面做一些努力，做一些成長。

(1) 和伴侶保持同步的成長，保持對世界、對人生看法的一致性。
(2) 做好自己在婚姻裡的各種角色，明確相互的責任，並勇於承擔各自的責任。
(3) 保持一定的興趣愛好，豐富自己的精神世界。
(4) 保持一定的激情，不要讓生活變得一成不變。
(5) 不要一直做被照顧者，也要學著去照顧別人。

如此，我們便不會讓自己失望，也不會讓伴侶失望，然後一步步走到婚姻的深處，我們就能做到坦然，而無悔。

再婚前一定要處理好的五個問題

文／端木婉清

01

我收到一封女性讀者的求助信，是關於再婚問題的。

有的人因為經歷過一段失敗的婚姻，面對下一次婚姻的時候，會更加理智、謹慎。

但有的人剛從一個坑裡跳出來，偏偏又急著跳進另一個坑裡。這導致一個家庭還沒有拉開新生活的篇章，重組婚姻就再次觸礁，亮起紅燈，結果比之前的狀況更加麻煩尷尬。

此次來信求助的讀者李梅面臨的就是這種情況。

她說：「再婚三個月，我想離婚了。我原以為現任丈夫會是我最後的歸宿，誰知結婚第三天我們就吵架了。現在一堆麻煩事纏身，我連家都不想回，太令人窒息了，多一天也過不下去了。」

她問我：「為什麼會出現這種情況呢？再婚為什麼會那麼難？到底什麼情況下才適合步入下一段婚姻呢？」

在回答這個問題之前，我們還是先來看看她的經歷吧。為方便敘述，以下部分用第一人稱撰文。

02

我叫李梅，今年 41 歲，有間 27 多坪的房子，有輛代步車，顏值中上，目前和朋友在市場開了一家服裝批發店，年收入在 200 萬元左右。

在外人看來，我是一個活得光鮮亮麗的女人，有錢，有事業，長得還不錯，但實際上各家有各家的難處，我也有我的苦。

我的婚姻不大順遂。這些年的風風雨雨我也走過來了，還是沒有遇到一個對的男人。

03

我的第一段婚姻。

結婚那年，我 23 歲，師範學院畢業，在當地的一所小學裡教國文，丈夫是醫院的外科醫生。

我們年紀、學歷、樣貌相仿，原生家庭的經濟狀況也匹配，又彼此鍾情，也算是門當戶對的典範。我們在大家眼裡亦是公認的郎才女貌，金玉良緣。

我本人也一直認為我們的婚姻是天作之合，會一輩子幸福。兒子出生後，我為照顧家庭和孩子辭去工作，過起相夫教子、孝敬公婆、打理人情來往的日子。

但我的所有付出，最終沒有換來他的長情，而是背叛。他出軌了，對方是他的女同事。

這件事，使我們的婚姻造成了不可估量的傷害。

我一度心情鬱結，走不出來。後來他不斷求我原諒，加上我也還愛著他，更考慮到雙方家庭和個人臉面，以及孩子的心理成長，才選擇了原諒。

原諒之後，我們的生活表面上過著最初風平浪靜的樣子，但實則波濤暗湧，隨時都會掀起狂風暴雨。

他選擇回歸後，確實洗心革面，想要跟我好好生活，努力彌補之前的過錯，行為和情感上都做出了實際的行動。但我卻難以做到真正的雲淡風輕。

當初被背叛的陰影還是籠罩在婚姻這座城池之上，壓得我時不時地喘不過氣來。

他做得越小心翼翼，我的疑心病就越重。一開始因為他自己是做錯事的人還能忍受、妥協、遷就，但隨著一次次地被懷疑、被質問，他也沒了耐心。

最終我們爆發了爭吵，直到把 15 年的感情全部都吵完，婚姻也破裂了。

老公變成前夫，兒子的撫養權歸他。

留給我的是一間房子、170 萬存款和孤身一人，以及離異女性的標籤。

04

我的第二段婚姻。

這段婚姻，從相識、相戀到結婚一共只有半年時間。

離婚後，我本打算好好經營事業，多賺點錢，為兒子和自己多留一些能依託的資本。感情的事沒在考慮的範圍內。

但有些事情妳越不想去考慮，卻越是在意。加上我雖然離婚了，但還是沒有真正放下和前夫的那段過往。

我每天都在關注他的消息，看他的朋友群組。既希望他過得好，又希望他過得不好。

後來，前夫和之前出軌的對象結婚了，得知這個消息後，我感到了前所未有的失落和不甘心。

憑什麼我當初去愛、去付出，一心為了家，最後卻得到被出軌、被離婚的結果？

而他明明是做錯事的人，最終還是比我早一步穫得了幸福？而且再婚對象偏偏是當年那個第三者。

我不甘心，不願輸給他，所以在這種意識的影響下，我很快地結識了我的現任老公。

他比我小三歲，高中畢業來杭州工作，老家在四川，家裡世代務農，目前在一家電子公司任職部門主管，年薪 44 萬元，在杭州沒房有車。

同時他也是離婚男子，有一個 13 歲的女兒正在老家讀國一，一直跟著爺爺奶奶生活。

按理說他的條件在我的追求者中不算好的，甚至有些差，但當時他表現得很真誠，也懂我。

他知道我需要什麼，不需要什麼。我有情緒的時候，他能夠包容、開導我。說到他女兒的問題時，他也表示以後不會讓我為難。

我透露不想再有孩子的打算，想過二人世界，他也表示理解和支持。

他對我也大方，自己沒什麼存款，但會花很多錢在我身上。雖然我不缺錢，但還是貪慕這份虛榮感的。

都說找一個愛妳的人容易，找一個懂妳的人很難，我想，或許就是他了。

所以，認識不過半年，我們就登記結婚了。沒有辦婚禮，只找了各自的好友，小規模熱鬧了一下。

婚房是我的，家裡所有布置都是我安排的。他拎包入住。

05

我以為我的現任老公會是我最後的歸宿，但誰知結婚第三天我們就吵架了。

結婚的事，他父母是知道的，但因為我們沒有辦婚禮，也沒有邀請親戚，所以當天他們都沒有過來。我想趁今年過年的時候，再買點禮物回去拜見他們。

誰知道婚後第三天，他的父母和女兒就都過來了。

公婆一來，表示要長住一段時間，還提出叫我幫他的女兒在杭州找一所中學就讀，說以後要轉學過來。

這一切來得太突然，我壓根沒有準備好，在還不知道怎麼回答的間隙，他卻搶先一步答應了。

答應他父母的長住，答應幫他女兒辦轉學。

別說我沒這能耐幫他女兒轉學，就算有，也要看看合不合適。畢竟他女兒來了，是要長期和我們住在一起的。

而我之前的意思，是想過二人世界。那晚，我和他大吵了一架。

我覺得他太過分了，首先，老家的父母和女兒過來，我並不知情；還有，來了小住幾天可以，但我們對彼此都不熟悉，他們要長住，還要我幫他的女兒辦理轉學，這未免有些滑稽。

我表示拒絕，但他認為我小氣。

他覺得我和他結婚了，是一家人了，有必要計較這些嗎？

他說我的房子大，有四個房間，再住幾個人完全不影響，而且我有經濟能力、有人脈，解決一下他女兒的讀書問題是小菜一碟。可這根本不是能不能做到的問題，而是夫妻之間需要相互尊重的原則問題。

後來我委屈地哭了，再婚怎麼會是這樣的呢？

他認錯了，表示會盡快催促父母回老家，女兒的事也暫時緩一緩。當晚，這件事勉強算過了。

但後面的事卻一件比一件糟心。

06

他女兒因為要上學，所以收假的日子一到，就拿著他給的、存有 4 萬元的銀行卡回家了。

但緊跟著的是，他老家的七大姑八大姨、小堂弟大表姐都相繼過來了。

美其名說祝賀再婚，實則一住就把這裡當成自己的家了。打麻將、打牌、嗑瓜子、聊天，無所顧忌。

我感覺家裡的屋頂都要被他們掀翻了。

不僅如此，我還要天天準備三餐招待他們，每天收拾打掃到深夜，骨頭都要散了，卻沒人幫我。

有幾個親戚還提出要到我的服裝店裡來，還要我送她們衣服。不是我小氣，但我實在覺得這樣太滑稽了。我的房子、我的錢都不是大風颳來的，憑什麼他們可以隨便占便宜，吃相還這麼難看。我再度和他爆發了爭吵，並且提出讓他的父母、親戚都回去，以後沒事也不要經常來，來了就在酒店招待他們一下。

他覺得我看不起他的家人，不尊重他，不給他面子，說就是幾天的事，以後就是二人世界了，怎麼連眼前這點困難都熬不過去。

我們爭吵，他摔了碗碟，推了我一把。這是我始料不及的。還有一件事也讓我覺得十分荒唐。

他的女兒回家後大概和她的親生母親說了一下她爸現在的情況，結果沒過幾天他的女兒就和爺爺奶奶打電話說：「我爸找到有錢老婆了，以後我可以過好日子了，我想來杭州讀書，我以後也想嫁到杭州。」

他們轉述給我聽後，我的頭一下子就大了。

第三件事，他提出自己薪水不高，事業做得也不出色，家裡正好也沒有請保母，要不就辭職在家，幫我照顧家裡。

我沒有同意，我覺得一個男人和我認識才半年，結婚也不久，為我放棄自己的事業並不合適，但他自作主張，辭職了。

從此以後，我和他三天兩頭地吵架、冷戰。

我再婚，是為了得到更好的幸福，是需要一個知冷知熱的伴侶。但誰知，再婚生活才開始，就是這般雞飛狗跳的模樣。

說到底是我太草率了。

我覺得再婚好難啊，為什麼會這樣呢？難道像我這樣的情況，就不能擁有下一站的幸福了嗎？

07

看過李梅的兩段婚姻，以及她對再婚問題發出的質疑，其實我能夠理解她此時此刻的心情。但我還是要告訴她，並不是再婚太難，也不是離婚男女就不配擁有下一站的幸福，而是太草率地開啟新感情，本身就是不負責任的表現。

只有為再婚做好充分準備的人，才更容易得到幸福的眷顧，即便在婚路上發生變故，也更能擁有抵禦困難、治癒傷痛的能力。

李梅問：到底什麼情況下才適合再婚？我個人有這幾點建議。

1. 需要先處理好前一段感情

再婚意味著重組家庭，需要真正告別之前的婚姻經歷。這不是讓雙方去遺忘那段存在的感情過往，而是需要你把過去的人和事塵封，在記憶裡安放，包括那些委屈和傷害、糾葛和不甘。

如果有任何一方，沒有真正處理好和前妻（前夫）之間的情感問題，就需要謹慎考慮再婚。

這是對己對人必須要負的責任。

2. 需要足夠了解對方

不管是在戀愛還是婚姻中，我們都需要足夠了解對方，了解他（她）的原生家庭、人品性格等問題後，方可把感情等交到對方手裡。尤其是再婚，雙方都是經歷過一段失敗婚姻的男女，更需要保持理智與謹慎，用成熟的心態去接觸和思考問題，了解彼此離婚的原因、存在的問題，以及掌握對方為再婚做了多少準備。

初婚尚且有很多考察期，再婚更需要。

而了解是需要時間的，短短幾個月很可能不足以讓我們看清一個人，也無法掌握一個人背後的情況。這種時候，不必急著登記結婚。

太過草率的開始，必然會面臨更多猝不及防的麻煩和痛苦。

3. 婚前需要處理乾淨經濟問題

兩個經歷過婚姻的人，多少都會遺留一些前段婚姻中的問題，尤其是孩子和經濟問題。

如果一方有經濟上的問題尚未解決，那勢必會影響他再婚後的家庭收入與開支情況，也會影響兩個人的感情。

錢的事可以說是婚姻中要緊的事情之一，需要在婚前處理乾淨，更需要提早為婚後做出規畫。

4. 要為孩子早做打算

重組家庭不單是兩個人覺得合適，然後在一起開始生活就可以了。其中最大的問題，是牽扯到孩子的事情。

孩子的事情處理不好，再婚家庭的幸福指數就會大幅降低。所以帶著孩子的重組家庭，需要事先培養彼此和對方孩子之間的感情，做到真正的喜歡和接納，也必須認真探討婚後如何養育雙方或者一方孩子的問題，做到盡可能地無區別對待。

這裡，也包括考慮到婚後是否再生孩子的問題。

凡事多為對方著想，為新家考慮，為孩子考慮，多做些準備，事後遇到事情，才可以好好地面對和解決。

5. 是因為彼此真心喜歡才在一起

婚姻忌諱將就，再婚更是，很多人覺得自己已經經歷過一段婚姻了，再婚不論合不合適都只是為了找個人搭夥過日子，愛不愛沒那麼重要。如果帶著這個想法去重組婚姻，那就大錯特錯了。

將就的組合，在日後發生矛盾的時候，是最容易相互推脫，甚至是詆毀的。這樣的感情經不起任何風吹雨打，只要稍微有一點變故，就很容易陷入矛盾中，讓關係走向破滅。

兩個人只有有了愛的基礎，有充分的準備，有願意為對方付出、包容的心，這一站的幸福才會穩穩的。

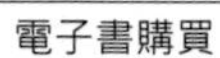
電子書購買

爽讀 APP

國家圖書館出版品預行編目資料

解決關係破裂的 42 堂婚姻幸福課：真實案例 × 專業建議，婚姻研究專家深度剖析夫妻關係與自我救贖 / 潘幸知 主編 . -- 第一版 . -- 臺北市 : 崧燁文化事業有限公司 , 2024.07

面； 公分

POD 版

ISBN 978-626-394-568-5(平裝)

1.CST: 婚姻 2.CST: 夫妻 3.CST: 生活指導

544.31 113010575

解決關係破裂的 42 堂婚姻幸福課：真實案例 × 專業建議，婚姻研究專家深度剖析夫妻關係與自我救贖

臉書

主　　編：潘幸知

責任編輯：高惠娟

發 行 人：黃振庭

出 版 者：崧燁文化事業有限公司

發 行 者：崧燁文化事業有限公司

E - m a i l：sonbookservice@gmail.com

粉 絲 頁：https://www.facebook.com/sonbookss/

網　　址：https://sonbook.net/

地　　址：台北市中正區重慶南路一段 61 號 8 樓

8F., No.61, Sec. 1, Chongqing S. Rd., Zhongzheng Dist., Taipei City 100, Taiwan

電　　話：(02) 2370-3310　　**傳　　真**：(02) 2388-1990

印　　刷：京峯數位服務有限公司

律師顧問：廣華律師事務所 張珮琦律師

定　　價：375 元

發行日期：2024 年 07 月第一版

◎本書以 POD 印製

Design Assets from Freepik.com